DAS FUCHSREVIER

"Buchenweg"

→ Sababurg

"Höhenstraße"

Kassel/ Reinhardshagen

ttungs-
nkt 118

"Hirschschneise"

TREFF-

PUNKT

MOLLIS REVIER 1993

"Fuchsweg"

PAULINCHENS REVIER 1993

FELINES REVIER 1993

"Vogelbeerschneise"

Bau 2 1996

Bau 2 1991

Bau 1 1999

Bau 1 1995

Bau 3 1995

Bau 2 1999

Bau 1 1996

B2+4 1995

Bau 2 1994

Bau 1 1991

Bau 1 1993

Bau 1 2001

Bau 1 1994

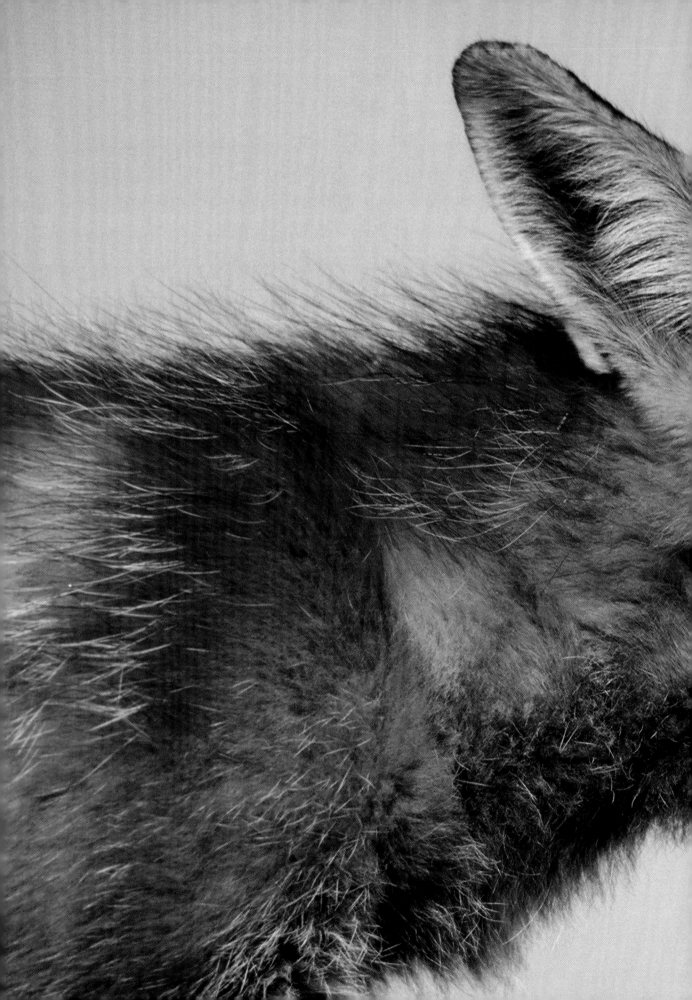

Günther Schumann

WILDE FÜCHSE

ganz vertraut

NEUMANN-NEUDAMM

© 2006 Verlag J. Neumann-Neudamm AG, Melsungen
Schwalbenweg 1, 34212 Melsungen
Tel. 05661-9262-26, Fax 05661-9262-19
www.neumann-neudamm.de, info@neumann-neudamm.de

Printed in the European Community
Lektorat/Layout: Dr. Ute Heppner
Fotos: Günther Schumann
Druck und Verarbeitung: J.P. Himmer GmbH & Co. KG, Augsburg

ISBN 3-7888-1100-5

Inhaltsverzeichnis

So fing alles an	5
Feline hat mich längst erkannt	13
Felines Verhalten gegenüber Mensch und Tier	15
Feline wird vertrauter	20
Ein neuer Gast stellt sich ein	21
Hochzeit im Winter ...	23
... und Mutterfreuden	28
Vertrauen auf allen Wegen	29
Als Babysitter am Fuchsbau	33
Wo sind Felines Kinder?	35
Längere Abwesenheit	40
Die gestohlene Vesper	42
Rabautz	43
Die rote „Fotografin"	46
Konkurrentinnen	52
Streitereien	55
Im Winterwald	56
Mollis Winterspiele	60
Wo bleibt der Nachwuchs?	61
Der Pilzsucher	62
Eifersucht	65
Mäusejahr – Fuchsjahr	67
Wo bleibt Mohrle?	70
Molli zieht um	71
Maxi, Mausi, Milli und Mini	74
Fellpflege	77
Traurige Verluste	78
Maxi und Moritz	84
Tragische Ereignisse	86
Unerwartetes Wiedersehen	88
Die neue Burg	92
Erneuter Umzug	94
Ortsveränderung	99
Suchen und finden	100
Wohnungswechsel	106
Feline in Gefahr	108
Keilerei im Winterwald	110
Durch dick und dünn	114
Gemeinsame Mahlzeit	117
Endlich angekommen	118
Gedanken	122
Abschied	122
... und Erinnerungen	123
Familien-Stammbaum	124
Wissenwertes rund um Feline	126

So fing alles an

Wir begegneten uns erstmalig an einem warmen Vormittag im Mai 1990, im Reinhardswald, einem großen nordhessischen Waldgebiet. Längsseits des Waldweges, den ich entlang wanderte, lagerten mehrere große Holzpolter. Diese Polter aus je etwa 30 bis 40 starken Fichtenstämmen waren auf einigen Stammrollen zum späteren Abtransport abgelegt.

Ich befand mich noch etwa 100 Schritte vor dem Holzlager, als ein Jungfuchs über den Weg lief und blitzschnell unter den Stämmen verschwand. Vorsichtig näherte ich mich noch ein wenig und wartete ab, was weiter geschehen würde, denn ich war mir ziemlich sicher, dass der kleine Bursche nach einer Weile wieder erscheinen würde. Das geschah etwa nach einem Viertelstündchen; nur waren es plötzlich zwei dieser possierlichen Jungfüchse. Sie spielten eine Zeit lang recht unbekümmert miteinander. Ich schätzte sie auf ein Alter von etwa sieben bis acht Wochen.

Nach kurzer Zeit verschwand einer wieder unter dem Berg der Baumstämme, während sich sein Geschwisterchen vor den Stämmen in die Sonne legte und ein Schläfchen hielt. Ich mochte es nicht stören und wartete noch eine längere Zeitspanne, bis sich der kleine Schläfer aufrappelte und ebenfalls hinter den Stämmen verschwand.

Bedingt durch die Stärke der Auflagerollen waren unter dem Polter einerseits genügend Platz und andererseits ausreichend Versteckmöglichkeiten für die Füchse vorhanden. Auch zwischen den Stämmen war hinreichend Raum, um den Jungfüchsen als Ruhe- und Spielplatz und auch als Versteck zu dienen. Also ein idealer „Fuchsbau".

In den nächsten Tagen besuchte ich öfters diesen Platz. Ich richtete mir ein Versteck hinter einigen Jungfichten am gegenüberliegenden Dickungsrand ein, um die Füchse von hieraus zu beobachten und nach Möglichkeit auch zu fotografieren.

Die Beobachtung spielender Jungfüchse zählt immer wieder zu den besonders reizvollen Naturerlebnissen. Wenn man genügend Zeit und Geduld mitbringt und alle Vorsichtsmaßnahmen beachtet, lassen sich Jungfüchse häufig am helllichten Tag beobachten.

Eines Tages tauchten hinter Fichtenstämmen zwei Jungfüchse auf.

Auch an den folgenden Tagen stellte ich außer den zweien keine weiteren Jungfüchse fest. Ein Wurf bestehend aus nur zwei Welpen ist relativ selten. Sehr wahrscheinlich hatte die Füchsin ihre Jungen unter den lagernden Fichtenstämmen zur Welt gebracht. Tatsächlich fand ich im Spätsommer, nachdem die Stämme abtransportiert waren, eine geräumige Lagerstatt, die auch als Wurfmulde gedient haben könnte.

Der regnerische, nasskalte April mag die Ursache für das Vorhandensein von nur zwei Jungfüchsen gewesen sein. Der Holzpolter bot gegenüber der Nässe und den vergleichsweise niedrigen Temperaturen dann wohl doch längst nicht den Schutz wie ein Erdbau.

Zu Anfang meiner Beobachtungen ruhten die beiden Welpen häufig vor den Baumstämmen im Sonnenschein, denn der Mai war im Gegensatz zum April recht sonnig und warm. Im Laufe der Zeit wurden sie immer lebhafter und neugieriger. Oft spielten sie um die am Boden liegenden Stammrollen herum Verstecken oder stellten sich mit den Vorderbeinen auf die Rollen, um darüber hinwegzuschauen. Bald turnten sie auch schon auf die zuoberst liegenden Stämme des Polters hinauf. In ihren Aktivitäten waren die beiden recht unterschiedlich, und ich mutmaßte, dass es sich um einen kleinen Rüden und seine Schwester handelte.

Der Rüde war etwas stärker und gedrungener als sein zierliches Schwesterlein, deren Kopf auch schmaler als der des Brüderchens war. Aber nicht nur im äußeren Erscheinungsbild, sondern auch im Verhalten war ein deutlicher Unterschied zu beobachten. Der kleine Rüde war wesentlich neugieriger und betätigte sich bei den Kletterpartien stets als Vorturner, während sich seine Schwester bei allen Aktivitäten mehr zurückhielt. Doch nach einiger Zeit des Zögerns und Zuschauens folgte sie dann oft dem Beispiel ihres Bruders.

Das Interesse der beiden Füchse an allen Dingen der Umgebung war groß. So wurden durch Beschnuppern und Betasten Baumstubben ebenso untersucht wie am Boden liegende Ästchen, Blätter oder Rindenstücke. Letztere häufig genug auch mit den Zähnen.

Besonders amüsant war anzusehen, wenn sie tollpatschig versuchten Fliegen, Käfer oder Schmet-

Neugierig turnt die kleine Feline auf die Stämme des Polters hinauf.

Ermeline, die Mutter, bleibt meist vorsichtig im Hintergrund

terlinge zu erhaschen. In den beobachteten Fällen hatten sie jedoch immer das Nachsehen und schauten dann etwas dumm hinterher. Sogar Löwenzahnblüten wurden angeschlichen und mit „elegantem" Sprung zu fangen versucht, doch die tapsigen kleinen Kerlchen überschlugen sich dabei manchmal im Übereifer.

Ab und zu ließ sich auch mal kurzzeitig die Mutter blicken. Sie war jetzt tagsüber die meiste Zeit auf den Beinen, um genügend Nahrung für die beiden Sprösslinge herbeizuschaffen. Aber die Beuteübergabe an die Jungen konnte ich nie beobachten. Das geschah wohl überwiegend unter den Baumstämmen oder – für mich ebenfalls verborgen – dahinter. Mehrmals sah ich sie, soweit erkennbar mit gefangenen Mäusen, sich von der gegenüberliegenden

Waldseite dem Holzpolter nähern. Manchmal turnte sie aber auch leichtfüßig und behände hoch oben über die Stämme hinweg.

Wegen der starken Inanspruchnahme durch ihre Jungen war die Mutter zu dieser Zeit sehr abgemagert und struppig. Das wurde durch den gleichzeitig stattfindenden Haarwechsel vom Winter- zum Sommerfell besonders augenfällig.

Zweimal geschah es, dass die Fähe trotz größter Vorsicht meinerseits irgendwie Argwohn schöpfte. Dann verschwand sie mit warnendem Bellen in der angrenzenden Fichtendickung. Beide Welpen flüchteten daraufhin blitzschnell unter die Stämme, um nach etwa 10 bis 15 Minuten neugierig und noch etwas vorsichtig wieder hervorzukommen. Da nichts Verdächtiges zu erkennen war, beruhigten sie sich

Brüderchen Reineke und Schwesterchen Feline.

schnell wieder. Jedoch war auch hier festzustellen, dass fast immer der kleine vorwitzige Rüde als erster wieder auf dem Schauplatz erschien.

Eines Tages machte ich in meinem Versteck gegenüber dem Holzpolter – die beiden Welpen ließen sich bereits seit längerer Zeit nicht sehen – eine kleine Frühstückspause. Als ich noch einige Kekse in meinem Rucksack fand, kam mir ganz spontan der Einfall, ein paar Bröckchen den Füchsen anzubieten, um deren Reaktion darauf zu beobachten. Gedacht, getan: schnell und so vorsichtig wie möglich begab ich mich zu den Stämmen und legte die Bröckchen an dem bevorzugten Aufenthaltsplatz der beiden auf einer der unteren Stammrollen ab. Was würde geschehen? Würden die Kleinen überhaupt die angebotene Liebesgabe annehmen?

Es dauerte etwa eine Stunde, bis sie sich fast gleichzeitig wieder blicken ließen. Nur wenige Augenblicke darauf nahmen ihre feinen Näschen die Witterung auf. Sie fanden die Keksstückchen auch sogleich und verzehrten sie im Handumdrehen. Das geschah ohne jegliches Zögern, so als wäre das eine Selbstverständlichkeit.

Daraufhin brachte ich oft kleine Leckerbissen mit, überwiegend die im Handel erhältliche gepresste Fertignahrung für Hunde und Katzen. Ich hoffte im Laufe der Zeit, über solche geringfügigen Leckerbissen, das Vertrauen der kleinen Füchse zu gewinnen. Es waren immer nur Miniportionen, denn sie sollten ja Wildtiere bleiben und durften nicht von der verabreichten Nahrung abhängig werden. Ich wollte bewusst keine umfassende Fütterung aus dieser Aktion machen. Außerdem wurden sie in diesem mäusereichen Frühjahr auch ausreichend von ihrer Mutter versorgt.

Da ich die Bissen immer am gleichen Ort auslegte, konnte ich nach ein paar Tagen mit Vergnügen beobachten, dass die Füchslein sich das hervorragend gemerkt hatten. Bei ihrem Erscheinen suchten sie diese Stelle gezielt auf, um nachzuschauen, ob dort eventuell schon wieder einige Bissen deponiert waren. Es fiel mir tatsächlich oft schwer, nicht größere Portionen auszulegen, besonders wenn ich mit ansehen musste, dass sie, nachdem die Bissen verzehrt waren, noch eine Weile weiter suchten.

Mittlerweile wurde der Aktionsradius der Jungfüchse immer größer. Sie turnten jetzt öfters gewandt auf den Bergen von Baumstämmen herum und schienen besonders den Ausblick vom höchsten Stamm aus zu genießen. Oft unternahmen sie auch schon ausgedehntere Erkundungsausflüge. Ich traf sie immer seltener am Holzpolter an, dafür hin und wieder einen der beiden allein in der näheren Umgebung.

Zu diesem Zeitpunkt musste ich meine Beobachtungen unterbrechen. Wir traten unseren lange vorher geplanten Jahresurlaub an. Ich wusste nicht, ob ich die beiden Jungfüchse oder ihre Mutter später wieder sehen würde. Fern in Skandinavien weilten meine Gedanken oft bei den Füchsen in Nordhessen.

Nach unserer Rückkehr Ende Juni – nach dreiwöchiger Abwesenheit – eilte ich umgehend zu „meinen" Füchsen. Waren sie überhaupt in diesem Gebiet noch anzutreffen? Jedenfalls konnte ich sie während meiner Suchgänge in den nächsten Tagen nicht entdecken; aber die wiederum ausgelegten Häppchen waren beim späteren Nachsehen immer verschwunden. Selbstverständlich hätten sie aber auch andere Tiere geholt haben können. Doch meine Geduld wurde belohnt. Nach mehreren Tagen beobachtete ich aus einiger Entfernung einen Jungfuchs, der wieder wie gewohnt seine Portion abholte. Doch wie sich bald herausstellte, war es nur noch ein Einzeltier, das sich regelmäßig hier einfand. Wo sein Geschwisterchen geblieben ist, blieb ungeklärt. Leider ist anzunehmen, dass es durch irgendeinen Unglücksfall ums Leben kam.

Der kleine Jungfuchs war mittlerweile schon beträchtlich gewachsen. Seine welpenhafte Tollpatschigkeit hatte er bereits verloren. Die Veränderung war so stark. dass ich nun nicht mehr mit Sicherheit sagen konnte, ob es sich um den kleinen Rüden oder um seine Schwester handelte. Aufgrund des relativ schlanken Körperbaus und des schmalen Kopfes vermutete ich jedoch, dass es möglicherweise die Jungfüchsin sein könnte und gab ihr den Namen „Feline". Soweit möglich, richtete ich es so ein, dass ich immer um die gleiche Tageszeit die Futterbröckchen auslegte. Bald hatte sich meine kleine Freundin so an diese Zeit gewöhnt, dass sie oft schon kurz nachdem ich mich zurückgezogen hatte, ihre kleine Zwischenmahlzeit einnahm. Nun begab ich mich täglich in den Wald zum „Fuchstreffpunkt".

Feline ist bereits beträchtlich gewachsen und hat ihre welpenhafte Tollpatschigkeit verloren.

Feline beobachtet mich aus dem Verborgenen und hat mich längst erkannt.

Feline hat mich längst erkannt

Als ich eines Tages etwa Mitte Juli die Tagesration austeilte, stand urplötzlich Feline etwa sechs bis sieben Meter von mir entfernt frei am Dickungsrand und schaut mir interessiert zu. Zweifellos war in diesem Augenblick ich der Überraschte. Sie selbst schien mit mir vertraut zu sein, blieb jedoch sehr vorsichtig und stets fluchtbereit. Feline beobachtete jede meiner Bewegungen neugierig und offenbar abwartend. Ich vermied hastige Bewegungen, sprach ihr beruhigend zu und versuchte, sie zum Bleiben zu bewegen. Sobald ich zum Weg zurückging, kam sie sofort näher und begann, die ihr zugedachten Bissen aufzunehmen.

Mir war nun klar, dass mich Feline in der zurückliegenden Zeit lange schon aus der Dickung heraus oder unter dem Polter hervor beobachtet haben musste und den Zusammenhang zwischen ihrem zusätzlichen Nahrungsangebot und mir längst erkannt hatte. Nur ich hatte diese Kontrolle bisher nicht bemerkt.

Es reizte mich nun, herauszufinden, wie weit ihr Vertrauen mir gegenüber ging und wie dauerhaft es bliebe. Auf der Grundlage dieses Vertrauens wurde unser Verhältnis zueinander

immer fester. Wichtig erschien mir, dass ich zu ihr sprach. Das tat ich dann auch immer, wenn ich zum Treffpunkt kam, auch wenn Feline noch nicht zu sehen war. Meistens war sie bereits nach wenigen Augenblicken zugegen. Häufig wurde ich auch schon ungeduldig erwartet, wenn ich zur „verabredeten" Zeit erschien.

Anfangs hatte ich meinen Wagen etwas entfernt am Waldweg abgestellt, merkte aber nach einiger Zeit, dass Feline das Herannahen des Wagens eindeutig registrierte und kurz danach auftauchte, und das auch dann, wenn ich einmal nicht pünktlich sein konnte. Es blieb mir unerfindlich, ob sie das Motorengeräusch des Wagens identifizierte oder das Auto aus der Deckung heraus optisch erkannte. Dieser Waldweg wurde zwar nur wenig befahren, jedoch benutzten ihn natürlich der Revierförster und die Waldarbeiter des Öfteren.

Später sollte sich jedoch noch häufiger zeigen, dass Feline sehr wohl zwischen meinem und einem anderen Fahrzeug zu unterscheiden wusste. Näherte sich einmal ein fremder Wagen, so nahm sie sofort Reißaus.

Wenn ich mich etwas entfernt aufhielt, erschien von Zeit zu Zeit Felines Mutter kurz am Dickungsrand, um mich und den Ort der gelegentlichen und eher dürftigen Nahrungsquelle zu beobachten. Bald konkurrierten Mutter und Tochter um die wenigen ausgelegten Bissen.

Obwohl die Mutter mir gegenüber immer äußerst vorsichtig blieb, konnte ich sie mehrfach aus meinem Versteck heraus im Foto festhalten. Nach Goethes Fabel von „Reineke Fuchs" nannte ich sie „Ermeline", so hieß die alte Fähe an der „Burg Malepartus", dem großen Fuchsbau.

Wenn ich beide in Ruhe beobachten konnte, war die Unterscheidung leicht möglich, obwohl „meine" Feline schon fast so groß wie ihre Mutter war. Während Ermeline eine etwas graubraune Fellfarbe hatte und bedingt durch das Verlieren des Winterhaares und die Aufzucht ihrer Jungen recht zerzaust und abgekommen aussah, hatte Feline ein glattes rotes Fell.

Felines Verhalten gegenüber Mensch und Tier

Im Hochsommer war Feline mittlerweile zu einem stattlichen Jungfuchs herangewachsen. Anfänglich, als sie mich noch misstrauisch beobachtete, vermied ich den direkten Blickkontakt. Später hielt sie meinen Blick – sozusagen Auge in Auge – auf kürzeste Distanz aus.

Mit der Zeit wurde Felines Aktionsradius größer und manchmal dauerte es über eine viertel Stunde oder gar noch länger, bis sie aus der Dickung gebummelt kam.

Sofern Vögel in der Nähe waren, machten diese mich bereits durch ihre Warnlaute einige Zeit vorher auf das Erscheinen meiner Freundin aufmerksam. Beim Durchqueren der Dickung wurde sie von den Vögeln oft schon bemerkt und durch andauerndes Warnen angekündigt, manchmal auch eine Zeitlang begleitet, so dass ich den Streckenverlauf und die Geschwindigkeit des Heranschnürens in etwa verfolgen konnte.

Mir schien es aber immer so, dass Feline keinerlei Notiz von den Vögeln nahm, jedoch kamen diese ihr auch nie zu nahe. Überwiegend handelte es sich um Amseln und Rotkehlchen, seltener einmal um Meisen. Besonders aufmerksam und wachsam aber war ein Neuntöterpaar, das in diesem Bereich seine Jungen aufzog. Sie warnten und schimpften oft sehr anhaltend. War Feline jedoch im Freien auf dem Weg gut sichtbar, so beruhigten sie sich bald und gingen wieder ihrer Nahrungssuche nach.

Fichtenkreuzschnäbeln dagegen schien Feline ebenso wenig Beachtung zu schenken wie umgekehrt. Hoch oben in den Wipfeln der Altfichten war ihnen der Fuchs dort unten am Waldboden wohl zu weit entfernt, um sie besonders zu ängstigen. Nur wenn die Kreuzschnäbel die Zapfen, deren Samen sie verzehrt hatten, mit lautem Plumps zu Boden fallen ließen, schaute Feline verschiedentlich misstrauisch dorthin.

Der Kreuzschnabel hoch oben in den Fichtenkronen.

Überhaupt merkte ich, dass sie, wenn ich zu ihr sprach, immer vertrauensvoll in meiner Nähe blieb und sich scheinbar sicher fühlte.

Sehr bemerkenswert, ja oftmals unglaublich sind die hervorragenden Sinnesleistungen des Fuchses. Am Treffpunkt, wo wir den Waldweg nicht mehr einsehen konnten, geschah es oftmals, dass Feline zu meiner Überraschung urplötzlich und blitzartig mit einem Riesensatz in der Dickung verschwand, obwohl sie Augenblicke zuvor noch in aller Ruhe dicht vor mir saß. Zuerst kam mir der Gedanke, ich hätte irgendetwas falsch gemacht. Aber nach vorsichtiger Kontrolle konnte ich dann feststellen, dass entweder ein Fahrzeug oder aber ein Spaziergänger diese Reaktion ausgelöst hatte. Ein Fahrzeug bemerkte Feline schon auf größere Entfernung und immer früher als ich. Fußgänger vernahm sie auf eine Distanz von über 100 Metern, auch wenn es leise gehende Einzelpersonen waren, die sie wegen der Windrichtung nicht wittern konnte. War die Störungsquelle vorbei, so erschien sie meist schon nach wenigen Minuten wieder.

Auch in diesen Fällen war es mir wichtig, die sehr einseitige Unterhaltung mit ihr beizubehalten, so etwa wie man begütigend zu einem Hund oder einem anderen Haustier spricht. Einem uneingeweihten Waldwanderer wäre es bestimmt sehr seltsam vorgekommen, hätte er diese vermeintlichen Selbstgespräche miterleben können.

Aber davor waren wir ja dank der außergewöhnlichen Sinnesleistungen meiner Freundin sicher. Ein weiteres Beispiel ihrer hervorragenden Wahrnehmungen lieferte mir Feline eines Abends. Sie blickte aufmerksam immer wieder in eine bestimmte Richtung, auf die ich nun auch mein Augenmerk richtete. Kurz darauf trat auf etwa 180 Meter Entfernung ein Hirsch aus der Dickung, sprang über den Graben und überquerte den Waldweg ohne Eile. Wie der Fuchs diesen Hirsch bemerkt haben konnte, ist mir

Von Reh ...

... und Hirsch drohte Feline keine Gefahr.

unerklärlich geblieben. Für mich lief das Geschehen völlig lautlos ab. Die Entfernung habe ich später abgeschritten, ich konnte mir die Stelle des Überwechselns aufgrund einiger vorstehender Fichten gut merken. Immer zeigte mir Feline durch ihr aufmerksames Verhalten das Näherkommen verschiedener Wildarten in der Dickung an, bevor sie heraustraten. Das geschah ebenso bei Rehen wie bei einer Rotte Sauen im Schneetreiben oder einem Keiler in dichtem Nebel. Röhrten während der Brunft Rothirsche nahebei, ließ sie das völlig unbeeindruckt, wohl wissend, dass von dort keine Gefahr drohte.

Mehrmals beobachtete ich auch, wie Feline bei Motorgeräuschen nach oben äugte und einem überfliegenden Hubschrauber oder Sportflugzeug aufmerksam nachschaute. Dies tat sie bei hochfliegenden Verkehrsmaschinen nicht.

Ermeline war den ganzen Sommer über bis in den Frühherbst hinein nur noch sporadisch zu sehen, obwohl sie allen Anzeichen nach doch ab und zu in der Nähe war. Manchmal beobachtete sie mich auf eine Entfernung von 50 bis 60 Meter längere Zeit freistehend am Dickungsrand. Ab Anfang August wurde ihr äußeres Erscheinungsbild wieder ansehnlicher, größtenteils hatte sie ihr Winterhaar verloren. Da sie nicht mehr wie im Frühjahr dauernd auf den Beinen sein musste, um genügend Nahrung für ihre Jungen herbeizuschleppen, stand ihr selbst auch wieder mehr Beute zur Verfügung.

Zwischen Feline und mir hatte sich Mitte August die Distanz bis auf etwa einen Meter verringert. Bis auf diese geringe Entfernung traute sie sich bei der Nahrungsaufnahme von selbst ohne Scheu an mich heran. Das begrenzte Terrain, auf dem ich die paar Leckerbissen auslegte, veränderte ich manchmal von Tag zu Tag um einige Meter. War Feline dabei noch nicht anwesend, so kontrollierte sie nach Erscheinen zuerst den Platz vom Vorabend – ein Beweis für die außergewöhnliche Lernfähigkeit eines Fuchses. Erst wenn sie dort das Erwartete nicht fand, suchte sie die weitere Umgebung ab. Durch entsprechende Gesten und Zureden konnte ich ihr aber immer schnell deutlich machen, wo sich heute die zusätzliche Ration befand.

Da meine Frau großes Verständnis für meine sehr zeitaufwändige Fuchs-Freundschaft aufbrachte, mochte ich ihr hin und wieder einmal Feline vorstel-

Mit solchem kapitalen Keiler ist nicht zu spaßen.

len. Das war nach einigem Erproben allerdings nur dann möglich, wenn sie versteckt im Wagen sitzen blieb und ich ihn so abstellte, dass sie in einiger Entfernung das Geschehen mitverfolgen konnte. Voraussetzung war jedoch, dass sie sich im Fahrzeug sehr ruhig verhielt und nur wenig bewegte. Bei aller Vorsicht unsererseits war Feline aber so gewitzt, dass Sie diese Veränderung bemerkte und immer wieder zum Wagen schaute. Leider misslangen daher zunächst die Versuche, mich und Feline aus dem Wagen heraus gemeinsam auf einem Foto festzuhalten.

Solche Fotodokumentationen gelangen mir nur dann, wenn ich die Kamera mit Stativ aufbaute und auf eine festgelegte Position ausrichtete. Anschließend begab ich mich an den entsprechenden Ort, rief Feline zu mir und betätigte den Fernauslöser. Anfangs schaute sie sofort irritiert und fluchtbereit zur Kamera. Das Auslösegeräusch aus einer unerwarteten Richtung ließ sie unmittelbar ängstlich reagieren. Wenn ich die Kamera dagegen selbst in der Hand hatte und Feline aus nächster Distanz fotografierte, störte sie das kein bisschen. Ja, sie schaute nicht einmal zu mir hin. An diese Lärmquelle in meiner Hand hatte sie sich von klein auf gewöhnt.

17

Dank ihrer ausgezeichneten Sinnesleistungen, bemerkte Feline Spaziergänger immer früher als ich ...

... und versteckte sich.

Ihr Vertrauen wuchs – oft drehte sie mir sogar den Rücken zu.

Feline wird vertrauter

Im Herbst war Felines Vertrauen zu mir soweit gediehen, dass sie sich meiner ausgestreckten Hand bis auf etwa 30 Zentimeter näherte. Nachdem sie die paar von mir mitgebrachten Bissen verzehrt hatte, blieb sie meistens noch etwas in meiner Nähe, wohl hoffend, dass doch noch ein Bröckchen abfallen könnte. Ich ließ mich des Öfteren auf einem Baumstubben nieder, um ihr in Ruhe bei der Nahrungsaufnahme zuzusehen. Fand sie nach einigem Suchen nichts Genießbares mehr, so setzte sie sich häufig etwa ein bis zwei Meter aufrecht vor oder neben mich, um mich unverwandt anzusehen. Mit solch einem ausdrucksvollen Bettelgesicht betrachtet zu werden und dann hart zu bleiben und nicht doch noch ein kleines Zubrot zu spendieren, kostet oft Überwindung. Ich behielt zwar für etwaige „Notfälle" meistens ein Häppchen in Reserve, habe es aber nur sehr selten verabreicht.

Einen beachtlichen Vertrauensbeweis lieferte mir Feline so etwa ab Anfang Oktober und von da an häufiger. Während sie auf geringe Distanz vor mir ihre wenigen Bröckchen zusammensuchte, drehte sie sich plötzlich um und sicherte – mir den Rücken zuwendend – zur Dickung hin. Dort erschien wenig später für einen Augenblick ein anderer Fuchs. Bisher hatte sie mich bei ihrer Nahrungssuche zwar nur noch selten im Auge behalten, mir aber auch nie längere Zeit den ungedeckten Rücken zugewandt.

Öfters setzte sie sich für einige Minuten in geringer Entfernung zu mir. Dabei postierte sie sich oft so, dass sie mir den Rücken oder eine Seite zuwandte, meistens hellwach und aufmerksam mit spielenden Ohren. Ein anderes Mal gönnte sie sich, etwas schläfrig blinzelnd und hin und wieder gähnend, mit mir ein gemeinsames, besinnliches Ruhepäuschen.

Ein neuer Gast stellt sich ein

Ab Mitte Oktober erschien sporadisch, manchmal aber auch regelmäßig mehrere Tage hintereinander, ein weiterer Fuchs am Treffpunkt, um dann wieder eine Zeitlang fortzubleiben. Meistens kam er etwas später als Feline. Da jetzt schon recht früh die Dämmerung einsetzte und der bisher unbekannte Fuchs etwas vorsichtiger im Hintergrund blieb, hielt ich ihn anfangs für Ermeline. Da er auch mein ruhiges Zureden ohne besondere Furcht hinnahm, schien das meine Vermutung zu bestätigen.

Bei starken Regenfällen, die jetzt im Herbst häufiger einsetzten, blieb ich auch schon mal im Wagen sitzen, um nicht völlig durchnässt zu werden. Das wurde von meinen roten Freunden schnell und wie selbstverständlich akzeptiert.

Häufig schaute Feline erst einmal vorsichtig sichernd aus einiger Entfernung vom Dickungsrand aus zu mir. Sobald sie aber meine Zurufe hörte, kam sie ohne Umschweife herbei. Während sie dann im strömenden Regen dicht an den Wagen kam, blieb der Neuankömmling auf Distanz, näherte sich aber nach einer gewissen Gewöhnungszeit bis auf sechs bis acht Meter dem Fahrzeug. Erst jetzt konnte ich erkennen, dass dieser Fuchs erheblich stärker war als „meine" inzwischen ausgewachsene Feline. Seine kräftige Erscheinung mit dem ausgeprägten starken Schwanz deutete auf einen alten Rüden hin.

Sein Verhalten wurde im Lauf der Zeit immer zutraulicher – für einen gesunden Altfuchs in freier Wildbahn schon sehr erstaunlich. Bisher wurde dergleichen weder dokumentiert, noch auch nur für möglich gehalten. Auch in diesem Fall stellte es die außerordentliche Lern- und Anpassungsfähigkeit des Rotfuchses wieder einmal unter Beweis.

Um auf längere Sicht dem Übel der nicht eindeutigen Zuordnung der verschiedenen Füchse in meinen Aufzeichnungen beizukommen, gab ich ihm spontan den Namen Felix.

Eines Abends jagten sich zwei Füchse – Verfolgter und Verfolger waren bei der Schnelligkeit nicht zu erkennen – zwei-, dreimal über den Waldweg. Plötzlich standen sich beide am Dickungsrand gegenüber und schrieen sich mit geöffneten Schnauzen und drohendem Gebiss an. Wie auf Kommando stellten sie sich dann auf die Hinterbeine, setzten sich gegenseitig die Vorderbeine auf die Brust und tänzelten so einige Augenblicke auf der Stelle. Auch hierbei wurde ein halblautes Keckern hörbar, aber alles mutete eher spielerisch an.

Wie auch in anderen Bundesländern stand in Hessen die Aktion zur Bekämpfung der Tollwut bei Füchsen an, wobei mit Impfstoffen versehene Köder ausgelegt werden. Vom zuständigen Revierförster, der die ganze Fuchsgeschichte von Anfang an sehr interessiert verfolgte und mit großem Verständnis duldete, bekam ich die besagten Köder. Am 9. November

Nach dem Verzehr eines Tollwutköders bleibt ein Fuchs zwei Jahre immun gegen diese Krankheit.

legte ich einen davon in Sichtweite aus. Wider Erwarten verschmähte Feline diesen „Appetithappen" zuerst, nahm ihn aber einige Zeit später doch auf und trug ihn zur Dickung. Es blieb mir verborgen, was sie damit anstellte, ich vermute aber, dass sie ihn dort verzehrte. Am Tag darauf startete ich einen weiteren Versuch, um sicherzugehen. Auch diesen Köder fand sie fast augenblicklich und fraß ihn zu meiner Beruhigung an Ort und Stelle auf.

Um bei der im Spätherbst früh einsetzenden Dunkelheit wenigstens einige dokumentarische Fotos machen zu können, war ich auf die Verwendung

Im Winter ist Paarungszeit.

eines Blitzgerätes angewiesen. Dieses grelle Aufblitzen löste bei beiden Füchsen nur bei den allerersten Aufnahmen eine äußerst geringe Reaktion aus, es war allenfalls ein leichtes Zusammenzucken und mal ein kurzes Herüberblicken festzustellen. Dieses Phänomen ist bei der Fotografie von Wildtieren schon öfters beobachtet und beschrieben worden, es ist anzunehmen, dass Tiere in der freien Natur sich bei Gewittern an die Blitze gewöhnt haben.

Das Verhalten von Feline und Felix untereinander und mir gegenüber hatte sich inzwischen kaum verändert, außer dass auch Felix noch vertrauter wurde und sich dem Wagen – wenn ich drinnen saß durch das Fenster zu ihm sprach – auf wenige Meter näherte.

Hochzeit im Winter ...

Anfang Dezember begann eine unruhige Zeit für die Rotfüchse. Es mehrten sich die Anzeichen ihrer Paarungszeit – der Ranz. Fähen werden mit neun bis zehn Monaten geschlechtsreif, und dieses Alter hatte Feline ja nun erreicht.

Obwohl ich weiterhin zur gleichen Zeit täglich zum Treffpunkt fuhr, kam Feline im Dezember nur noch an sieben Tagen während meiner Anwesenheit zum Abholen ihrer Leckerbissen. Oft wartete ich sehr lange und trotzdem vergebens, ab und zu legte ich einige Bröckchen an gewohntem Ort ab. Dass sie auch weiterhin von Füchsen abgeholt wurden, sah ich anderentags, besonders bei Schneelage.

Zwar war ich im Wagen vor den von oben herabkommenden Winterfreuden wie Schneeregen und Nassschnee geschützt, musste aber, um ein Beschlagen der Fenster zu verhindern und problemlos beobachten zu können, die Seitenscheibe immer geöffnet lassen. So kroch die Kälte mit der Zeit auch durch die wärmste Winterkleidung. Gefroren habe ich den Füchsen zuliebe täglich ausgiebig, manchmal stundenlang.

Bei dieser Warterei konnte ich aber auch

Felix, ein Verehrer fand sich ein – kein Nebenbuhler in Sicht.

feststellen, dass die Füchse, zumindest zeitweise, die sonst so sehr geschätzte Zusatznahrung etwas hintenanstellten. Sie hatten nun wichtigere Dinge im Kopf.

Wenn nach einigen Tagen der Unterbrechung Feline mal wieder bei mir auftauchte, tat sie so, als sei das alles völlig normal, was es ja wohl auch war. Vertrauensvoll wie immer kam sie direkt zu mir, holte sich ein paar Appetithäppchen ab und verschwand oft wieder nach nur wenigen Minuten.

Manchmal machte ich mir jedoch erhebliche Sorgen um ihr Wohlbefinden. Schließlich fanden wie üblich im Winter, wenn auch nicht im Bereich unseres Treffpunktes, so doch in den etwas entfernteren Revierteilen, Drückjagden statt, denen auch sie, wie manch anderer Rotrock, hätte zum Opfer fallen können. Auch die Autostraße durch den Wald verläuft in nur knapp 400 Meter Entfernung und hätte ihr bei ihren Streifzügen ebenfalls zum Verhängnis werden können.

Aber Feline war Gott sei Dank zum Jahresende munter und zutraulich wie bisher. Immerhin kannten wir uns jetzt ja bereits sieben Monate, für ein so freundschaftliches Vertrauensverhältnis zwischen einem Mensch und einem freilebenden Wildtier – ganz besonders einem Fuchs – eine beachtliche Zeitspanne.

Am Abend des 30. Dezember hörte ich in diesem Jahr zum ersten Mal in der angrenzenden Dickung das mehrmalige Bellen eines ranzenden Fuchses. Kurz darauf verabschiedete sich Feline ziemlich eilig. Das Bellen der Füchse ist nur während der Ranzzeit zu hören, es ist eine Reihe von drei bis sechs rasch nacheinander geäußerten Rufen. Obwohl nicht besonders laut, sind sie doch ziemlich weit hörbar. Mit diesen Bellrufen machen Füchse ihre Geschlechtspartner auf ihren augenblicklichen Standort aufmerksam, es bellen vor allem Rüden.

Auch im Januar glänzte Feline häufig durch Abwesenheit, an insgesamt 23 Tagen. Immer wieder nagte in mir der Zweifel, ob sie diesen Winter überleben würde. Oft vernahm ich mit Beklemmung die

In winterlicher Notzeit.

Streckenmeldungen der verschiedenen Drückjagden unseres Waldgebietes, besonders was die Anzahl der erlegten Füchse anging. Mein Freund, der Revierförster, tröstete mich während unserer Unterhaltungen immer wieder mit den Worten: „Ich schieße hier selbstverständlich keinen Fuchs." Dessen war ich mir auch sicher; aber bei einer Drückjagd in den umgebenden Revierteilen konnte man nur auf das Glück hoffen. Und wie weit ging denn wohl in der Ranz der Aktionsradius „meines" Fuchses?

So war ich dann jedes Mal, wenn Feline wieder wie selbstverständlich angebummelt kam, richtig erleichtert. Zuweilen, besonders wenn sie bei Eisregen oder Graupelschauern völlig durchnässt erschien, machte sie schon einen bemitleidenswerten Eindruck.

Verschiedentlich ließ sich nun auch Felix wieder blicken, er hatte die harte Zeit offenbar gut überstanden und war so vertraut wie vorher. Außerdem mehrten sich seit Ende Januar die Besuche eines sehr dunkel gefärbten Fuchses – eines so genannten Brand- oder Kohlfuchses. Seine Unterseite war statt weiß eher dunkelgrau, die Schulterpartie fast schwarz und die Schwanzspitze nur sehr geringfügig weiß gefärbt. Sein ausdrucksvolles Gesicht mit den weit auseinander liegenden, flach abstehenden Ohren wirkte fast spitzbübisch. Wegen seines dunklen Aussehens nannte ich ihn „Mohrle". Es schien ein jüngerer Rüde zu sein, er war jedenfalls nicht so kräftig gebaut wie Felix.

Mit Unterbrechungen war mal der eine, mal der andere gleichzeitig mit Feline anwesend. Auch Mohrle näherte sich mir – wenn ich im Wagen sitzen blieb – schon auf zehn bis zwölf Meter. Meine Stimme schien er längst zu kennen, sie erweckte jedenfalls nicht sein Misstrauen.

Er wurde jedoch nie ganz so vertraut wie Feline und war bei der Suche nach eventuellen Leckerbissen immer etwas vorsichtiger. Waren beide jedoch gleichzeitig anwesend, so war auch er wesentlich ruhiger und weniger nervös.

Mitte des Monats Februar meldete sich der Winter nochmals mit aller Macht zurück. Ein orkanartiger Sturm mit starken Schneefällen richtete im Wald große Schäden durch Windwurf und -bruch an. Die Landschaft ruhte wieder unter einer dicken Schneedecke, der feine Pulverschnee verwehte und verwischte im Nu jegliche Spuren.

Nachdem schon Ende Januar bei sehr mildem Wetter hier und dort die Spechte trommelten und die Ringeltauben gurrten, war nun wieder tiefster Winter eingekehrt. Im rundum schweigenden Winterwald war nur in den Altfichten verschiedentlich einmal das zarte Wispern der Goldhähnchen zu hören.

Inzwischen ging mir öfters der Gedanke durch den Kopf, wie die Fuchsgeschichte weitergehen sollte. Was würde geschehen, wenn Feline Junge bekäme? Sollte ich diese dann überhaupt zu Gesicht bekommen?

Anfangs hatte ich ja nur den Ehrgeiz, das Vertrauen eines Fuchses zu gewinnen sowie zu erforschen, in welchem Zeitraum dies möglich sei und wie lange dieses Vertrauen anhalten würde. Seit dem Zeitpunkt, als Feline die mitgebrachten Leckerbissen erstmals in meinem Beisein verzehrt hatte, war etwa ein dreiviertel Jahr vergangen. Meines Wissens war es noch nie gelungen, einen freilebenden Fuchs an einen Menschen zu gewöhnen und ein solches Vertrauensverhältnis aufzubauen, wobei aber trotzdem das Tier dabei ein Wildtier – besonders im Verhalten zu anderen Menschen – blieb. Es ist bekannt, dass am Bau gefangene und mit nach Hause genommene Fuchswelpen ihrem Pfleger gegenüber sehr zahm werden. Natürlich bleibt diesen Füchsen auch kaum eine andere Wahl!

Ende Februar wurden die durch den Sturm gebrochenen Fichtenstämme von den Waldarbeitern ganz in der Nähe aufgearbeitet. Das brachte unvermeidlich vorübergehende Störungen mit sich. Feline erschien jetzt abends schon mal etwas später, ebenso Felix und Mohrle, wenn diese sich überhaupt blicken ließen.

Sporadisch erschien bereits Ende des Winters ein weiterer Fuchs, den ich aufgrund seiner Fellfärbung anfangs mit Mohrle verwechselte. Als ich beide eines Tages gleichzeitig beobachten konnte, erkannte ich einige unterschiedliche Details und konnte sie später auch besser auseinander halten. Letzteren nannte ich Molli. Erst zwei Jahre später stellte ich fest, dass es sich um eine Fähe handelte.

Anfang März wurden die Fichtenstämme als Polter genau wieder an der gleichen Stelle zwischen Waldweg und Dickung gelagert wie im Vorjahr, dort wo ich Feline kennen gelernt hatte.

Gegen Ende des Winters erschien ein dunkel gefärbter Rüde, Mohrle.

27

Feline wurde rundlicher und träger – sie bekam Nachwuchs.

… und Mutterfreuden

Schon ab Ende Februar hatte ich das Gefühl, dass Feline etwas rundlicher wurde – vermutlich war sie tragend. Sie wurde von Tag zu Tag träger und unbeweglicher. Oft stand sie längere Zeit inaktiv an einem Platz und bewegte sich nur langsam fort.

Am 21. März blieb sie aus, das war wohl die Bestätigung meiner Vermutungen. Auch in den beiden nächsten Tagen ließ sie sich nicht blicken. Es ist bekannt, dass eine Füchsin nach der Geburt ihrer Jungen meist mehrere Tage im Bau bleibt, um die noch nackten Welpen zu säugen und zu wärmen.

Am Abend des 24. März kam Feline vertraut wie immer, um sich nach einigen Leckerbissen umzusehen. Nun sah ich, dass sie nicht nur schlanker, sondern auch wieder quicklebendig und vor allem sehr hungrig war. Sie fraß hastig, blieb aber nur wenige Minuten bei mir und verschwand mit einigen Bröckchen in der Schnauze eiligst in der Dickung.

Von nun an kam sie wieder regelmäßig, blieb aber in den ersten Tagen auch weiterhin nur wenige Minuten. Von Tag zu Tag nahm sie sich immer etwas mehr Zeit und schien es bald nicht mehr so eilig zu haben. Hatte sie ihre Bröckchen verzehrt, blieb sie öfters noch einige Zeit vor mir stehen oder sitzen, um mich ununterbrochen anzuschauen.

Sie konnte es wohl nicht recht glauben, dass ich es bei so wenigen Häppchen bewenden ließ. Ich redete ihr dann eine Weile gut zu, um ihr wenigstens im Tonfall meinen guten Willen darzulegen. Bei allem Wohlwollen … sie musste für sich und ihre Jungen selbst sorgen.

Nach einer Weile hoffnungsvollen Wartens sah sie die Ergebnislosigkeit wohl ein und ging auf Jagd, nicht ohne hin und wieder stehen zu bleiben und zurückzublicken.

Ein besonderer Leckerbissen half Felines Scheu zu überwinden.

Vertrauen auf allen Wegen

Anfang April nahm Feline mir zum ersten Mal ein mitgebrachtes Fleischstückchen aus der Hand! Das heißt, zu dieser Zeit habe ich zum ersten Mal diesen Versuch gewagt, vielleicht hätte sie das auch schon früher getan. Mit den üblichen winzigen Bröckchen wagte ich das nicht, denn das Gebiss von Feline war schon Respekt einflößend. Anfangs nahm sie mir das Stück noch mit etwas ängstlicher, lang gestreckter Haltung vorsichtig ab und zog sich sofort einige Meter zurück. Aber schon ein, zwei Tage später nahm sie mir den Bissen wesentlich ruhiger, vertrauter aus der Hand und fraß ihn gleich neben mir auf.

Obwohl ich an jedem Wochenende mehrere Stunden nach dem Bau suchte, war alles bisher ergebnislos verlaufen. Ich ersann alle möglichen Experimente, aber keines führte zum Erfolg. Meine größten Chancen, den Bau zu finden, erwartete ich so ab der vierten Lebenswoche der Welpen. Ab die-

ser Zeit werden die Jungfüchse zusätzlich mit fester Nahrung versorgt, und ich setzte voraus, dass Feline dann häufig ohne Umschweife direkt zum Bau streben würde. Ihr dabei folgend, hoffte ich, zumindest etappenweise dem Bau näher zu kommen. Bisher jedenfalls entfernte sie sich abends in die verschiedensten Himmelsrichtungen.

Mittlerweile hatte ich des Öfteren versucht festzustellen, wie weit mir Feline auf Waldwegen folgen würde und in welcher Entfernung von den gewohnten Plätzen sie mir gegenüber noch genauso vertrauensvoll war wie dort. Es konnte ja sein, dass sie mir dieses Vertrauen nur an den von Anfang an gewohnten Orten entgegenbrachte.

An verschiedenen Tagen marschierte ich auf unterschiedlichen Waldwegen eine längere Wegstrecke. Ohne großes Zögern lief sie mir nach und manchmal auch etwas voraus, ganz wie es gut erzo-

Mit aufforderndem Blick drehte sie sich um und lotste mich zu ihrem Bau.

gene Hunde zu tun pflegen. Um es kurz zu machen, wir legten gemeinsam Entfernungen bis zu 500 Meter vom altbekannten Ort des täglichen Treffens zurück, und auch dort nahm sie mir ganz vertraut und ohne besondere Scheu Bissen zur Belohnung aus der Hand.

Am 26. April wurde das auf der Windwurffläche herumliegende trockene, unverwertbare Ast- und Kronenmaterial der geworfenen Fichten von Waldarbeitern auf große Haufen zusammengefahren und verbrannt, um einer drohenden Borkenkäfergefahr zu begegnen. Normalerweise ist so ein am Morgen entzündetes Feuer abends heruntergebrannt. Trotz der Beaufsichtigung war bei einem dieser Feuer die Glut in den Waldboden eingedrungen und hatte sich zu einem Schwelbrand entwickelt, der noch tagelang weiter qualmen sollte, obwohl der Förster mit seinen Waldarbeitern

mehrmals täglich versuchte, ihn unter Kontrolle zu bekommen. Je nach Windrichtung zogen zwar leichte, aber doch beißende Rauchschwaden über die Fläche. An diesem Tag kam Feline über eineinhalb Stunden später zum Treffpunkt. Sie machte einen verstörten Eindruck und war sehr vorsichtig, nahm mir trotzdem aber wieder einen Bissen aus der Hand. Da Nordwestwind herrschte, zog der Rauch in die entgegen gesetzte Richtung und störte uns nicht weiter.

Ich hatte nun endgültig den Entschluss gefasst, Feline nachzugehen, wenn sie Futter zum Bau brachte. Ansatzweise hatte ich das schon mehrmals getan, aber immer, wenn sie alle zehn, zwanzig Meter vor mir stehen blieb und – wie ich meinte – vorsichtig zurückschaute, hatte ich abgebrochen, um sie nicht unnötig zu ängstigen. Bisher ging ich davon aus, dass sie bei aller Vertrautheit aus Sorge um ihre Jungen am Bau äußerst sensibel und vorsichtig sein würde. Als Feline nun mit einem Fleischstückchen

zum Bau davon trabte, ging ich ihr in wenigen Metern Distanz nach.

Feline blieb hin und wieder zurückblickend stehen. In mir stieg langsam die Ahnung auf, dass sie regelrecht auf mich wartete. Aber sollte das wirklich möglich sein? Wir gelangten so über die gesamte Fläche, wobei sich der Abstand zwischen uns allmählich etwas vergrößert hatte. Mir schwand schon die letzte Hoffnung, den Bau zu finden, als ich Feline zielstrebig auf die angrenzende große Fichtendickung zutraben sah. Kurz vor dem Dickungsrand, so etwa 30 Meter von mir entfernt, war sie plötzlich verschwunden. In der Annahme, dass sie – hinter einer Bodenwelle meinen Blicken verborgen – in der Dickung untergetaucht war, blieb ich abwartend stehen. Wie hingezaubert stand sie urplötzlich wieder dort, wo sie verschwunden war und blickte fast auffordernd zu mir zurück. Ich war wie vom Donner gerührt, als sie sich umwandte und unter einem kleinen Wurzelteller verschwand.

Es war endlich wahr geworden. Ich hatte Felines Bau gefunden! Oder besser gesagt, sie hatte mich zu ihm hingeführt, und das über eine Entfernung von etwa 400 Meter Luftlinie!

Vorsichtig ging ich näher heran. Als ich nur noch sechs oder sieben Schritte von dem Bau entfernt stand, kam sie wieder heraus und benahm sich zu meiner Überraschung so vertraut wie immer.

Erleichtert setzte ich mich in direkter Baunähe auf eine dort verbliebene Stammrolle und gab ihr den geringen Rest der Futterration. Sie nahm die Häppchen zu meinen Füßen auf und trug sie sogleich zu ihren Jungen. Mit schnellen, leisen Lockrufen verschwand sie im Eingang des Baues. Dieser lag zwischen den Wurzeln des nur leicht angehobenen Wurzeltellers einer vom Sturm gekippten Fichte, den Stamm selbst hatten die Waldarbeiter bereits abgesägt und abtransportiert.

Mehrmals noch erschien Feline an der Erdoberfläche. Entweder blieb sie dann ruhig neben dem Bau stehen oder kam zu mir, um zu schauen, ob ich nicht doch noch einen Leckerbissen für sie hätte. Hin und wieder tauchten hinter ihr die Jungen auf, um aber bald wieder im Bau zu verschwinden. Sie waren zu dieser Zeit etwa fünf Wochen alt. Mit ihren unsicheren, tapsigen Bewegungen wirkten sie sehr drollig und unbeholfen. Im Gegensatz zu ihrer Mutter reagierten sie jedoch auf das Auslösegeräusch der Kamera und flüchteten in ihre unterirdische Behausung. Feline schien dieses Verhalten verständnislos zu beobachten.

Am darauf folgenden Tag ging ich von unserem üblichen Treffpunkt sogleich mit Feline zum Bau. Sie schien das ganz normal zu finden. Dort ließ ich mich auf meinem Sitzplatz nieder und teilte ihr ein paar mitgebrachte Bröckchen zu. Diese trug sie sofort mit dumpfen Lockrufen zum Bau, wo die Welpen am Eingang schon sehnsüchtig warteten. Sie legte die Nahrung jedoch nicht ab, sondern verschwand mit ihr und den Welpen in der Höhle. Drei Füchslein konnte ich eindeutig feststellen. Na ja, dachte ich, für eine solch junge Mutter beachtlich.

Die Welpen spielen schon zeitweise vor dem Bau, noch haben sie blaue Augen.

Unermüdlich trug die junge Mutter Mäuse herbei, ...

Als Babysitter am Fuchsbau

Feline trabte kurz darauf an mir vorbei und verschwand auf der unübersichtlichen Fläche. Sie ging auf Jagd und ließ mich allein am Bau sitzen. Ein schier unglaubliches Verhalten, wenn man weiß, wie überempfindlich normalerweise Fähen am Bau reagieren. In unerschütterlichem Vertrauen zu mir ließ sie ihren Nachwuchs in meiner Obhut zurück. Und die Welpen schienen in ihrer unterirdischen Behausung ruhig und satt zu schlafen. Nach etwa einer halben Stunde bemerkte ich eine leichte Bewegung hinter mir. Da stand plötzlich Feline mit einigen gefangenen Mäusen, scharrte eine Mulde im Waldboden, deponierte dort ihre Beute, schob mit dem

... die sie oft vorübergehend vergrub.

Nasenrücken wieder Erde darüber und trabte erneut davon.

Während ich noch etwas wartete, bemerkte ich, dass der Wind von Zeit zu Zeit auf den Fuchsbau zu drehte und mir den immer noch beißenden Rauch des Schwelbrandes in die Nase trug. Das musste für wesentlich empfindlichere Fuchsnasen sehr unangenehm sein. Die noch schwelende Feuerstelle lag nur etwa 30 Meter vom Bau entfernt. Zu der Zeit, als die Arbeiter die Reisighaufen abbrannten, kannte ich den Bau von Feline noch nicht, sonst hätte ich die Männer selbstverständlich gebeten, die Feuerstelle weiter entfernt anzulegen.

Wo sind Felines Kinder?

Der nächste Tag brachte bereits die Ernüchterung. Feline war wie üblich pünktlich zur Stelle, doch als ich mit ihr zum Bau gehen wollte, ging sie nur sehr zögernd mit. Unterwegs blieb sie oft stehen, nur wenn ich sie dann lockend rief, kam sie wieder nach. Es hatte den Anschein, als könnte sie nicht verstehen, dass ich unbedingt zum Bau wollte. Dort angekommen nahm sie zwar ihre Nahrungsbröckchen entgegen, verscharrte und vergrub aber alles, bis auf ein paar winzige Bröckchen, die sie sich selbst einverleibte. Zum Bau trug sie gar nichts mehr, er schien wie ausgestorben. Wo mochten nur die Jungfüchse sein? War ihnen gar ein Unglück zugestoßen? Wenn nicht, so konnten sie nur von Feline fortgebracht worden sein. Aber wohin?

Nun hatte ich kaum den Bau gefunden. und schon war die Hoffnung, die Welpen aufwachsen zu sehen, in alle Winde zerstoben. Enttäuscht machte ich mich auf den Rückweg, Feline eilte voraus. Am alten Treffpunkt angekommen, gab ich ihr das für besondere Fälle reservierte Appetithäppchen, mit dem sie sogleich in der angrenzenden Dickung verschwand. Daraus schloss ich – aber immer noch voller Zweifel – dass die Jungfüchse zumindest noch am Leben waren. Aber dann musste natürlich die ganze Sucherei von vorn beginnen.

Zwei Tage später hatte sich das Rätsel gelöst. Nachdem ich Feline mehrmals beobachtete, wie sie die Richtung zum Holzlager am Waldweg einschlug, stand ich wieder am Ausgangspunkt dieser Fuchsgeschichte, nun aber vor den neu angelegten Holzpoltern! Feline hatte ihre Jungen an genau denselben Ort geführt, an dem sie aufgewachsen war und wo ich sie zufällig vor über einem Jahr erstmals beobachten konnte. Damit hatte ich am allerwenigsten gerechnet.

Immerhin mussten ihre knapp sechs Wochen alten Jungen einen Marsch von fast einem halben Kilometer(!) zurückgelegt haben. Oder hatte sie ihre Welpen einzeln dorthin transportiert? Das letztere ist wohl wahrscheinlicher. Jahre später konnte ich etwas Ähnliches beobachten.

Von nun an ging ich täglich mit Feline ohne Umschweife zum Holzpolter. Traf ich früher als erwartet am Treffpunkt ein oder hatte Feline sich verspätet,

Neugierige Blicke in eine bisher unbekannte Welt.

Genießerisch lässt sich ein Welpe das Fell pflegen.

ging ich allein zu ihren Jungen – sie gesellte sich anschließend dazu.

Die ihr zugeteilte Ration brachte sie mit den bekannten Lockrufen unter die Fichtenstämme, wobei die Welpen ihr meist leise winselnd entgegenliefen. Allmählich wurden sie mir gegenüber vertrauter und gewöhnten sich an mich und meine Stimme.

Nun beobachtete ich auch Mohrle wieder häufiger. Zu meiner Überraschung stand er eines Tages oben auf dem Polter mit einigen gefangenen Mäusen, die er den Jungfüchsen brachte. Spätestens zu diesem Zeitpunkt wurde mir bewusst, dass es bei Mohrle um den „rechtmäßigen" Vater der Welpen handeln musste. Und ich hatte bisher eigentlich Felix die Vaterschaft zugeschrieben.

Oftmals trugen Mohrle, ebenso wie Feline, den Welpen auch dunkle Nahrungsbrocken zu, die ich nicht erkennen konnte. Diese waren selten größer als eine Faust. Sie stammten meistens wohl von Wildtieren, die auf der nahen Waldstraße angefahren wurden und dann in der Dickung verendeten. Weil Füchse natürlich auch Aas fressen, stellen sie in der Natur in gewisser Weise eine „Gesundheitspolizei" dar.

Da die Jungfüchse mir gegenüber immer vertrauter wurden, hielten sie sich auch schon mal öfter und länger vor den Stämmen im Freien auf. Nun bemerkte ich, dass es insgesamt acht Welpen waren, die die Füchsin zur Welt gebracht hatte. Acht Welpen sind schon eine hohe Zahl für einen Wurf.

Im Höchstfall drängelten sich fünf der acht Welpen gleichzeitig, um zu saugen.

Im Allgemeinen sind es vier bis sechs, in seltenen Ausnahmefällen wurden aber auch schon bis zu zwölf Welpen festgestellt. Bis auf ein Nesthäkchen waren die Füchslein alle etwa gleich groß, doch recht unterschiedlich in der Färbung. Obwohl sich ihre Fellfarbe im Laufe der Zeit veränderte, waren dunkelbraune, graubraune und hellbraune bis sandfarbene Exemplare festzustellen. Trotzdem waren sie – bis auf das Nesthäkchen – nicht zu unterscheiden, da sie nur selten alle gleichzeitig zu sehen waren und meistens spielend oder sich jagend durcheinander wuselten. Schon bald streiften sie einzeln in den Dickungen beiderseits des Weges herum und tauchten mal hier und mal dort in vom Polter aus einzusehenden Lücken oder am Wegesrand auf. Im Lauf der Zeit wurden ihre Erkundungsgänge immer ausgedehnter.

Oft genug erwarteten mich die Jungfüchse schon, wenn ich meinen abendlichen Besuch machte. Sie kamen dann – ob Feline zu Hause war oder nicht – unter den Stämmen hervor gerannt und schauten neugierig, ob ich wohl auch wieder ein paar der begehrten Leckerbissen verteilen würde. Jetzt wurden auch die individuellen Unterschiede in der Vertrautheit mir gegenüber deutlich. Während einige bis unmittelbar in meine Nähe kamen, hielten andere doch mehr Distanz. Letztere rannten schnell herbei, um sich einen Leckerbissen zu ergattern und mit ihrer Beute flugs wieder unter den Stämmen oder in der Dickung zu verschwinden.

Ich hatte in letzter Zeit, bevor die Welpen zur Welt kamen, die Mitbringsel für Feline bereits immer mehr eingeschränkt. Angesichts der besonderen Anzahl der Welpen brachte ich nun doch öfter ein paar Leckerbissen mit, zumal ich auch bemerkte, dass Feline hin und wieder ohne Beute von ihren Jagdausflügen zurückkam und die hungrigen Füchslein erfolglos ihre Mutter anbettelten.

Auch untereinander wurde um die vermeintlich besten Bissen gestritten und gekämpft. Es war schon erheiternd, mit welcher Energie sie ihre Beute schreiend und keckernd mit zurückgelegten Ohren und drohendem Gebiss verteidigten, und ganz besonders, wenn es sich um Mäuse handelte.

Genauso wie ich das bereits im Winter bei Felix und Feline beobachtet hatte, versuchten auch diese Jungfüchse bei der Verteidigung ihrer Beute oft, die zudringlichen Geschwister mit dem Hinterteil abzuwehren oder fortzuschubsen. Dabei drehten sie sich häufig – die Kehrseite dem jeweiligen Konkurrenten zugewandt – im Kreise.

War Feline anwesend, drängelten sich einige ihrer Jungen häufig an sie, um zu saugen. Manchmal ging sie unwillig zur Seite, meistens jedoch gab sie dem Drängen nach. Im Höchstfall sah ich fünf gleichzeitig saugen. Auch das Säugen geschah mehrfach in meinem Beisein in nächster Nähe, ohne dass Feline irgendeine Zurückhaltung an den Tag legte.

Zu dieser Zeit war bei Feline der Trieb, Nahrung für ihre Jungen zu beschaffen, besonders ausgeprägt. Alles, was ich mitbrachte oder bei mir trug, wurde auf die Verwendbarkeit als Futter überprüft. Immer wieder fiel mir auf, dass sie genau wusste, was sie durfte und was nicht. Wenn Feline etwa meine Tasche stehlen wollte, behielt sie mich unablässig im Auge und wartete einen günstigen Moment ab, in dem ich abgelenkt schien. Oft genug brauchte ich nur deutlich meine Stimme zu erheben, um sie von einem geplanten Überfall auf meine Sachen abzuhalten.

Als ich eines Tages am Holzpolter saß und den Jungfüchsen beim Spielen zusah, zwackte sie mal wieder in meine Jacke. Auf mein energisches Schimpfen und Drohen hin setzte sie sich vor mich auf die Hinterbeine, erhob die rechte Vorderpfote und winkte mit dieser zweimal – wie beschwichti-

Alles wird zum Spielzeug, sogar der Schwanz des Geschwisterchens.

gend oder um Verzeihung bittend – in Richtung meiner auf dem Knie liegenden Hand! Ich war regelrecht sprachlos. Man kennt solche Gebärdensprache vom Hund, erwartet sie jedoch nicht bei einem Wildtier.

Oftmals, wenn Feline nahe bei mir saß, hatte ich das Bedürfnis, sie zu streicheln. Sie duldete meine Hand auch bis auf wenige Zentimeter an ihren Ohren, behielt sie aber immer aufmerksam im Auge. Ich war mir letzten Endes nicht sicher, ob sie nicht doch meine Finger als etwas Fressbares ansehen

und vielleicht blitzschnell danach schnappen würde. Es konnte schließlich möglich sein, dass sie annahm, ich wollte ihr einen Bissen reichen.

Vor allem aber wollte ich ausschließen, dass sie zu einem Schoßtier würde, was wohl zu Verhaltensstörungen geführt hätte. Sie sollte das Wildtier bleiben, das sie war. So vermied ich jeglichen Körperkontakt, auch zu den Welpen. Was mir nicht immer leicht fiel.

Familienidyll: Feline (rechts) mit dem Vaterrüden Mohrle und ihren Welpen.

Längere Abwesenheit

Manchmal traf ich nur wenige Jungfüchse am Holzpolter an. Eines Tages war nur das bereits erwähnte Nesthäkchen anwesend. Auch Feline ließ sich nicht sehen. Dieses im Wachstum immer noch weit hinter seinen Geschwistern zurückgebliebene Füchslein saß ganz allein und verlassen vor den Fichtenstämmen am Weg und schaute mir treuherzig entgegen. Mir fiel bei diesem Anblick spontan der Vers von Paulinchen aus dem „Struwwelpeter" ein, das allein zu Haus war. Und fortan nannte ich es Paulinchen.

Mittlerweile war ein ganzes Jahr vergangen, seitdem ich mich näher mit Feline beschäftigt und ihren Lebenslauf verfolgt hatte. Und nun stand die bereits seit dem Vorjahr geplante und abgesprochene Urlaubsreise nach Schweden vor der Tür. Lange hatten wir – meine Frau und ich – überlegt und immer wieder diskutiert, ob wir diese Reise überhaupt antreten oder sie eventuell auf später verschieben sollten. Einerseits hatte ich das „Unternehmen Fuchs" zunächst nur auf ein Jahr geplant, andererseits konnte ich mich nur schwer mit dem Gedanken vertraut machen, die mir so ans Herz gewachsene Fuchsfamilie im Stich zu lassen. Selbstverständlich konnte es auch interessant sein zu erfahren, wie sich die Füchse nach einer dreiwöchigen Abwesenheit mir gegenüber verhalten würden. Wenn die Si-

40

tuation auch ähnlich der des Vorjahres war, so war sie doch insofern anders, als es sich jetzt um das Vertrauensverhältnis zu zwei Altfüchsen und ihren Jungen handelte. Der Entschluss war also gut überlegt, und der Urlaubstermin wurde für Ende Mai bis Mitte Juni festgelegt. Aber bis dahin waren es noch einige Tage.

Mohrle, der Vater, war jetzt öfter am Holzpolter oder in dessen Nähe zu sehen. Der Monat Mai neigte sich dem Ende zu und ich brach damit meine einjährige intensive Beobachtung der mir so sehr vertraut gewordenen wildlebenden Füchse ab. Oder war es nur eine Unterbrechung? Ich hoffte darauf und rechnete insgeheim auch damit, hin und wieder dem einen oder anderen meiner Füchse wieder zu begegnen. Aber wie werden sie sich dann verhalten, und werden sie mich wieder erkennen oder gar noch so vertraut sein wie vorher?

Trotz vieler interessanter Naturerlebnisse in den großen Wäldern und Mooren Schwedens schweiften die Gedanken oft zu Feline und Anhang in die heimatlichen Gefilde zurück und waren häufig genug der Gesprächsstoff am abendlichen Kaminfeuer.

Am 20. Juni waren wir wieder zu Hause. Noch am gleichen Abend

„Paulinchen war allein zu Haus ..."

schaute ich voller Ungewissheit und gespannter Erwartung nach meinen Füchsen.

Langsam fuhr ich den Waldweg entlang bis zum üblichen Parkplatz hinter den Fichtenpoltern. Bis auf ein paar Vogelstimmen war alles ruhig. Kein Fuchs ließ sich blicken. Kaum war ich aber wenige Schritte auf und ab gegangen, dabei mehrmals laut sprechend, sprangen mehrere Jungfüchse aus dem Graben auf den Weg. In einiger Entfernung schauten sie zu mir herüber und nach wenigen Lockrufen trabten sie heran. Und nun erkannte ich auch Paulinchen wieder. Sie war mittlerweile ein Stück gewachsen, aber noch immer auffällig kleiner als

ihre Geschwister. Paulinchen sowie ein sehr hell gefärbter, gelblicher Jungfuchs waren am vertrautesten. Sie näherten sich mir bald wieder bis auf einen Meter Entfernung.

Nur von Feline und Mohrle war – obwohl ich über eine Stunde wartete – weit und breit nichts zu sehen. War ihnen in der Zwischenzeit vielleicht etwas zugestoßen? Die nächste Zeit musste darüber Klarheit bringen. Bereits am folgenden Tag, kaum war ich aus dem Wagen gestiegen, stand Feline wie gerufen am Dickungsrand. Wie hatte sie erfahren, dass ich wieder im Lande war? Hatte ihr eventuell ein entsprechendes Verhalten der Jungfüchse darüber Aufschluss gegeben?

Im ersten Augenblick war sie noch ein wenig vorsichtig. Hinter einigen höheren Grasbülten etwas verdeckt, schaute sie aufmerksam zu mir herüber. Mein aufmunterndes Zureden ließ jedoch bald ihre Zurückhaltung schwinden, daraufhin trabte sie näher heran. Anscheinend immer noch ein bisschen skeptisch nahm sie gleichwohl den angebotenen Leckerbissen auf.

Nicht lange danach kamen vier oder fünf Jungfüchse hinzu, um sich ebenfalls schnell eines der begehrten Häppchen zu sichern. Wie bereits am Vortag verhielten sich die jungen Füchse ganz unterschiedlich. Während Paulinchen und ihr großer, heller Bruder – dass es ein junger Rüde war, stellte ich etwa zwei Wochen später fest – äußerst vertraut waren, war das bei den übrigen keineswegs der Fall. Immerhin wagten sie sich doch während meines Beiseins kurzzeitig aus der versteck- und sicherheitsgewährenden Dickung heraus, um sich einen kleinen Anteil der Nahrungsbröckchen zu ergattern.

Schon am dritten Tag nach meiner Rückkehr fraß mir Feline wieder aus der Hand. Das alte Vertrauen war völlig wiederhergestellt.

Die gestohlene Vesper

Folgende Begebenheit trug sich während unserer Abwesenheit im Fuchsrevier zu. Zwei befreundete Paare aus dem Wesertal hatten sich zu einer Waldwanderung verabredet, die sie eines schönen Nachmittags auch antraten. Zur Stärkung für unterwegs hatten sie einen gut gefüllten Picknickkorb dabei. Der Weg führte am bekannten Holzlagerplatz am „Fuchsweg" vorbei. Hier angekommen, fanden sie, dass dies nicht nur der geeignete Ort, sondern auch der Zeitpunkt wäre, sich schon einmal für die folgende Wegstrecke zu stärken.

Es war ausreichend vorgesorgt, so dass trotz des redlichen Appetits der Korb noch gut gefüllt war, als der Marsch fortgesetzt werden sollte. Da der Rückweg wieder hier vorbeiführte, erschien es sinnvoll, Speis und Trank am Ort zu belassen. Hinter den Fichtenstämmen fand sich auch schnell ein

Was macht dieses Ding hier im Wald?

Plätzchen, wo der Korb gut versteckt abgestellt werden konnte. So begab man sich unbeschwert und ohne sich weiter mit der Verpflegung abschleppen zu müssen, wieder auf den Weg.

Es wurde eine ausgedehnte Wanderung. Nach etwa zweistündigem Energieverbrauch näherten sich die vier wieder dem Rastplatz und freuten sich schon auf die zurückgelassene Mahlzeit. Als sie an ihrem Ziel ankamen, erlebten sie allerdings eine Überraschung. Schon aus einiger Entfernung war zu bemerken, dass der so gut versteckte und sicher geglaubte Picknickkorb umgestürzt neben den Baumstämmen am Boden lag. Messer und Gabeln, Löffel und Trinkbecher lagen wild verstreut umher, hier und dort flatterten Servietten herum. Das bunte Tafeltuch, auf dem die köstlichen Dinge zum Verzehr einladend ausgebreitet werden sollten, lag zerzaust am Wegesrand. Von Brot, Wurst und Käse fand sich keine Spur mehr, ein Schmalztöpfchen sowie Joghurtbecher lagen säuberlich ausgeleckt verstreut umher. Es sah aus, als hätten die Vandalen gehaust.

Zuerst hub ein allgemeines Lamento an, in das sich bald aber unsicheres bis erleichtertes Gelächter mischte. Nun begann eine ausgiebige und mühevolle Sucherei nach den Essbestecken, teilweise lagen sie unter den Jungfichten am Dickungsrand. Doch mit einem opulenten Mahl war es nun vorbei. Alles was sich einigermaßen zum Verzehr eignete, war verschwunden, und so mussten sich die Wandersleute nun hungrig auf den Rückweg machen.

Sicherlich haben Sie, liebe Leser, erahnt, wer für diese Missetat in Frage kam. Natürlich Feline nebst Anhang.

Bestimmt war „meine" Fuchsfamilie felsenfest davon überzeugt, dass ich in guter Absicht diese Leckerbissen für sie dort abgestellt und ihnen zu solch hochwillkommenen Genüssen verholfen hatte. Aber solche Mengen und dazu noch Servietten, Tischtuch und Essbestecke, das hatten sie noch nie erlebt. Auf jeden Fall hatte es vorzüglich gemundet und das Tischtuch war außerdem noch zum Spielen und Zerren zweckentfremdet worden.

Ein zufälliges Treffen zwischen dem Revierförster und einem Teilnehmer der mit Magenknurren endenden Wanderung brachte am nächsten Tag Licht in diese mysteriöse Geschichte.

Rabautz

Paulinchens Bruder, den hellen, ziemlich großen und starken Jungfuchs, nannte ich zur Unterscheidung und wegen seines täglich erneut unter Beweis gestellten Durchsetzungsvermögens „Rabautz". Häufig ging er vehement gegen Paulinchen, aber auch gegen seine Mutter Feline vor, wenn sie einen vermeintlich größeren Bissen, beispielsweise eine Maus oder etwas für mich nicht Erkennbares, aufgetrieben hatten. Er versuchte dann, ihnen diesen abzujagen. Wenn Paulinchen ihren Anteil nicht schnell genug irgendwo außer Sichtweite in Sicherheit brachte, rannte oder sprang er sie regelrecht über den Haufen. Mehrmals flüchtete auch Feline schreiend vor seinem Ungestüm. Oft genug versuchte Paulinchen sich keckernd und mit dem Gebiss drohend zur Wehr zu setzen, wobei sie ihn auch schon mal ansprang, meist jedoch ohne Erfolg.

Regelmäßig warteten Feline, Paulinchen und Rabautz jetzt jeden Nachmittag auf mich. Wenn ich – auch ohne ihnen Leckerbissen mitgebracht zu haben – einen Waldweg entlangging, folgten mir die drei mir auf Schritt und Tritt. Saß ich auf einem Baumstubben um ihnen zuzuschauen, setzten oder legten sie sich meist in meine unmittelbare Nachbarschaft, um zu ruhen oder zu spielen. Letzteres traf jedoch nur auf beide Jungfüchse zu, während Feline häufig mehr oder weniger fest schlief. Sie selbst schien sich in meiner Gegenwart sehr sicher zu fühlen und genoss offenbar den entspannten Schlaf zu meinen Füßen.

Der wurde nur von Zeit zu Zeit unterbrochen, wenn Rabautz und Paulinchen zu wild tobten. Außer dass sie blinzelnd zu ihnen hinschaute, ließ sich Feline dadurch jedoch nicht stören, solange sie nicht selbst in das Ge-

Rabautz fühlte sich immer als „kleiner Herr", ...

... besonders seine kleine Schwester ließ er dies spüren.

Trotz allem, auch Rabautz sucht immer mal wieder die mütterliche Wärme ...

tobe verwickelt wurde. Kamen die beiden Jungfüchse während ihrer Balgerei Feline jedoch zu nahe, wurden sie mit geöffnetem Rachen und Schnarchlauten harsch angefahren. Auch wenn sich einer der beiden unmittelbar zu ihr setzte oder legte, wurde er oft auf dieselbe Art und Weise missmutig abgewiesen. Oder Feline stand auf, trabte einige Schritte zur Seite und legte sich dort erneut zur Ruhe.

Oft geschah es jedoch, dass Paulinchen und häufiger noch Rabautz sich vor Feline hinstellten und ihr zielgerichtet Hals und Nacken darboten. Dann durchknabberte sie ihnen das Fell, besonders im Hals-, Nacken-, Brust-, Bauch- und Hinterkopfbereich, immer Körperstellen, wo sie sich nicht oder nur

ungenügend selbst pflegen konnten. Diese Körperpflege dient besonders dazu Zecken oder ähnliche Plagegeister aus dem Fell zu entfernen. Mehrmals beobachtete ich solche Säuberungsaktionen auch von Rabautz an seiner Mutter Feline, wobei diese mit geschlossenen Augen dann wohlig murrte. Diese Sozialpflege habe ich bei den Jungfüchsen untereinander jedoch nie beobachten können.

Einmal legte sich Paulinchen erwartungsvoll in Spielaufforderungshaltung, den Kopf mit aufgestellten Ohren auf die ausgestreckten Vorderläufe gelegt, nahe vor mich auf den Boden, genauso wie es Jungfüchse miteinander tun. Als ich aber – sehr amüsiert über diesen Vertrauensbeweis behutsam

... und genießt sichtlich die Fellpflege. Paulinchen schaut interessiert zu.

auf sie zuging, verließ sie der Mut, und langsam rückwärts kriechend vergrößerte sie wieder den Abstand zwischen uns.

Zu meiner großen Überraschung erschien eines Tages gegen Ende Juni so ganz beiläufig wieder Mohrle an unserem Treffpunkt und vervollständigte das Familienidyll. Über vier Wochen lang hatte ich ihn nicht mehr gesehen.

Mehrmals kam mir Mohrle – auch in den nächsten Tagen – bis auf eineinhalb Meter nahe, wobei er mich ständig im Auge behielt, ohne jedoch besonders ängstlich zu wirken.

Obwohl er mich meistens beobachtete, geschah es aber auch, dass er sich beispielsweise in mehre-

ren Metern Entfernung auf einen Stubben setzte und mir dabei den Rücken zuwandte. Mohrle sicherte so über die offene Fläche zur Dickung, wohlbewusst, dass ihm von meiner Seite keine Gefahr drohte. Ging ich jedoch direkt auf ihn zu, zog er sich – ohne die Flucht zu ergreifen – zurück, oder er ging mir aus dem Weg.

Aber auch Molli ließ sich im Laufe des Sommers öfters einmal blicken, um gelegentlich sogar einige Zeit zu verweilen.

Es gelang mir vorläufig jedoch noch nicht, zu klären, ob es sich um eine Fähe oder einen Rüden handelte.

Die rote „Fotografin"

Nachdem ich wieder einmal verschiedene Dokumentationsfotos von mir und den Füchsen gemacht hatte, bemerkte ich, dass Feline mein seitwärts abgestelltes Stativ mit der Kamera neugierig inspizierte. Sie stellte sich dabei mit den Vorderbeinen auf eines der Stativbeine, um die Kamera zu beschnuppern. Es sah tatsächlich so aus, als wollte sie nun auch noch das Fotografieren erlernen. Da ich wegen des ungünstigen Blickwinkels nicht schnell genug mit der Zweitkamera zur Hand war, stellte ich das Stativ auf einen günstigeren Platz, darauf hoffend, dass Feline diese Inspektion wiederholen würde. Das geschah nach über einer Stunde auch wie vermutet, und ich konnte einige Fotos von der „fotografierenden" Feline machen. Kurz danach biss sie jedoch in die Gummi-Gegenlichtblende des Objektivs und riss

„Wo ist nur die Bedienungsanleitung?"

diese mit einem Ruck in zwei Teile, ohne dass ich dies noch verhindern konnte.

Ein anderes Mal hat sie tatsächlich den Kameraverschluss per Fernauslöser betätigt. Nachdem ich einige Dokumentationsfotos von mir selbst mit den Füchsen mittels Auslösekabel gemacht hatte, hängte ich das Kabel außer Reichweite der Füchse in die Zweige der nahe stehenden Fichten. Ohne dass ich es gleich bemerkte, baumelte der Auslöseknopf etwa einen halben Meter über dem Erdboden, für Feline

natürlich eine Aufforderung, auch diesen zu testen. Erst am Auslösegeräusch der Kamera bemerkte ich, was geschehen war. Abgelenkt durch Rabautz und Paulinchen, denen ich beim Spielen zuschaute, hatte ich Feline aus den Augen gelassen. Das Foto zeigt leider nur ein paar Baumkronen schräg im Bild – und die auch noch unscharf – da ich ja die Kamera mit dem Stativ achtlos beiseite gestellt hatte.

Es wird aber trotz dieser Schwächen wohl weltweit das erste und einzige Fotodokument sein,

Das „Naturfoto des Jahres".

Solche Aufnahmen gelangen nur mit dem Fernauslöser.

das ein freilebender Fuchs selbständig zustande brachte!

Sehr oft begleiteten mich die drei Füchse, an einem Abend zusätzlich auch noch Mohrle, nach unserem abendlichen Treffen zum Wagen. Sie standen oder saßen bei meiner Abfahrt dann auf dem Weg oder daneben im Gras und schauten mir nach, bis ich sie im Rückspiegel aus den Augen verlor.

Zum ersten Mal nahm gegen Ende Juni auch Rabautz einen Bissen aus meiner Hand. Er näherte sich mir dabei ganz vertrauensvoll ohne Scheu und nahm selbst kleine Happen sehr vorsichtig aus meinen Fingern, ohne hastig zuzubeißen. Er zog sich dann auch nicht – wie Feline oft – ein wenig zurück, sondern verzehrte ihn, unmittelbar vor mir stehen bleibend.

Paulinchen war auch in dieser Beziehung vorsichtiger und längst nicht so dreist wie Rabautz. Sie näherte sich mit ihrem Schnäuzchen meiner Hand bis auf wenige Zentimeter, zog sich dann jedoch langsam wieder zurück.

Doch, nach einigen Tagen, hatte auch sie sich überwunden und nahm mir einen Bissen aus der Hand. Das war jedoch nur möglich, wenn Rabautz nicht in der Nähe war. Denn sobald er – selbst aus einiger Entfernung – auch nur erspähte, dass sich Paulinchen meiner Hand näherte, sprang er sofort mit Vehemenz dazwischen. So ließ ich schon mal lieber das Bröckchen fallen, um nicht von seinen achtungsgebietenden Zähnen erwischt zu werden. Oft gelang es mir, ihn und ebenso Feline mit einem weiter fortgeworfenen Bissen abzulenken, um schnell Paulinchen etwas zukommen zu lassen. Sie konnte einem schon manchmal ein bisschen leid tun, wenn sie schüchtern abseits stand und sich nicht näher traute, weil Feline und Rabautz sich heftig um einen Bissen stritten.

Die Versuche, ob mir „meine" Füchse Nahrungsbröckchen aus der Hand abnahmen, machte ich nur sehr selten. Hauptsächlich dann, wenn ich den einen oder anderen der vierbeinigen Freunde lange nicht gesehen hatte.

Bei einem kurzen, aber starken Gewitterschauer suchte ich Unterschlupf im Wagen. Feline, Rabautz und Paulinchen blieben in der Nähe, verzogen sich bei dem stärksten Regen jedoch auch ein wenig in die schützende Fichtendickung. Hierbei konnte ich beobachten, dass ihnen weder bei Blitzen noch bei heftigem Donnergrollen eine schreckhafte oder gar ängstliche Reaktion anzumerken war. An solche Naturerscheinungen hatten sie sich längst gewöhnt.

Von Zeit zu Zeit wiederholten meine Frau und ich die Versuche, die Füchse gemeinsam mit mir im Foto zu dokumentieren, ohne dass ich mit dem Fernauslösekabel hantieren musste. Meine Frau sollte aus größerer Entfernung mit der Tele-Kamera, bei herunter gedrehter Seitenscheibe, still im Wagen sitzen bleiben und fotografieren. Sie durfte auf keinen Fall sprechen und musste auffällige Bewegungen vermeiden. Da ich selbst jedoch mit den Füchsen sprach und hin und wieder meiner Frau einen Tipp zur Kameraeinstellung gab, antwortete sie mir einmal unbeabsichtigt. Alle drei anwesenden Füchse stutzten, schauten zum Wagen hin und sprangen darauf augenblicklich in die Dickung. Trotz Rufen meinerseits waren sie nicht wieder hervorzulocken. An einem späteren Tag gelangen jedoch einige solcher Aufnahmen.

Ab Anfang August, nachdem ich mich weit über ein Jahr lang täglich einmal mit Feline und ihrer Familie getroffen hatte, unterbrach ich diese bisher konstant durchgeführten Besuche. Es lag mir daran festzustellen, ob sich ihr Verhalten und Vertrauen mir gegenüber änderte, wenn ich ihnen wöchentlich nur zwei- bis dreimal einen Besuch abstattete. Andererseits wollte ich erfahren, ab welchem Zeitpunkt Feline ihre mittlerweile fast erwachsenen Jungen aus ihrem Territorium vertreiben würde – wie es in der Literatur beschrieben wird.

Rabautz war zu diesem Zeitpunkt bereits größer als seine Mutter. Wenn er und Paulinchen sich Feline zu sehr näherten, konnte sie schon recht grob zu ihnen werden, duldete die beiden aber ohne Einschränkung, wenn sie auf genügend körperliche Distanz achteten. Diese gegenseitige Duldung wurde aber sofort unterbrochen, wenn es um etwas Nahrhaftes ging.

Mehrmals fauchte Feline mit drohendem Gebiss den nahe vor ihr stehenden Rabautz aggressiv an. Er streckte dann die Schnauze himmelwärts und bot ihr die ungeschützte Kehle dar, solches Verhalten löst beim Gegner eine Beißhemmung aus. Von den anderen Jungfüchsen sah ich nur noch gelegentlich einen, meistens in einiger Entfernung, über einen Weg huschen.

Feline hatte mittlerweile ihr restliches Winterhaar verloren und damit ihr struppiges Aussehen gegen ein glattes, rotes Sommerfell vertauscht.

Am 24. August war Rabautz letztmalig anwesend. Junge Rüden verlassen früher das Revier, in dem sie aufwuchsen, um sich ein eigenes zu sichern.

Anfang September tauchte nach über achtwöchiger Abwesenheit wie zufällig Mohrle wieder auf. Zwischen ihm und Feline gab es jedoch erheblichen Streit, wenn beide sich zu nahe kamen. Sie legten sich gegenüber in Lauerstellung, schrieen sich keckernd an und verfolgten sich auch schon mal gegenseitig, wobei mal der eine und mal der andere der Verfolgte war. Sie duldeten sich aber, wenn ein Abstand von etwa einem Meter oder mehr zwischen ihnen lag.

Besonders auffällig war das Verhalten von Vater und Tochter untereinander. Paulinchen wälzte sich beim Aufeinandertreffen laut wimmernd vor Mohrle hin und her, sich dabei mehrmals um die eigene Achse drehend. Sie schien sich in einer Konfliktsituation zwischen Freude und Angst zu befinden und konnte sich kaum beruhigen. Mohrle stand daneben und schaute ihr einige Zeit offenbar verständnislos zu. Erst als er davon trabte, beruhigte sich Paulinchen wieder.

Feline mag bei der sommerlichen Wärme nicht noch die körperliche Nähe von Rabautz.

Konkurrentinnen

Feline wurde im Laufe des Septembers immer unverträglicher gegenüber ihrer Tochter. Besonders wenn diese ihrer Mutter zu nahe kam, wurde sie aggressiv vertrieben. Sehr oft nahm Paulinchen wimmernd und mit eingeklemmtem Schwanz eine Demutshaltung gegenüber Feline ein, diese ließ sich dadurch meistens auch beschwichtigen.

Eines Tages, als Feline noch nicht anwesend war, sprang Paulinchen mehrmals freudig erregt und scheinbar voller Erwartung um mich herum, um mir dann wieder auf dem Weg tänzelnd vorauszueilen. Es machte geradezu den Eindruck, als wenn ein Hund freudig sein lange vermisstes Herrchen begrüßt. Im Oktober war Paulinchen dagegen nur noch an wenigen Tagen, wenn ich „meine" Füchse aufsuchte, zugegen. Feline jedoch kam immer noch regelmäßig. Hatte sie ihre Tochter bereits so stark eingeschüchtert, dass diese das Revier mied?

Hin und wieder machten sich bereits die Vorboten des Winters, wie Frost und Reif, bemerkbar.

Die Vorsicht Felines gegenüber anderen Menschen wurde eines Tages nochmals besonders deutlich. Das Verhalten des Tieres studierend, saß ich in einem leicht hügeligen Altbuchenbestand. Feline war einige Meter entfernt. Plötzlich sprang sie auf und blickte aufmerksam, jede Sehne gespannt, in eine Richtung. Ich konnte dort absolut nichts Verdächtiges wahrnehmen. Nach einigen Sekunden warf sie sich herum und war mit wenigen Sprüngen blitzschnell in der nahe gelegenen Dickung verschwunden. Um der Ursache auf den Grund zu gehen, begab ich mich in die von ihr anvisierte Richtung. Kurz darauf erschien in knapp 100 Metern Entfernung hinter einer Bodenwelle ein Pilzsucher, der in gleich bleibender Entfernung, die Augen auf den Boden gerichtet, seitlich an mir vorbeiwanderte. Ich hätte ihn wahrscheinlich ohne die Aufmerksamkeit Felines überhaupt nicht wahrgenommen.

Gegen Mitte November erschien Mohrle wieder, von nun an sogar regelmäßig. Nachdem ich ihn über zweieinhalb Monate nicht gesehen hatte, war er so zutraulich wie vordem. Nach kurzer Zeit hatte er auch die letzte Scheu überwunden und nahm ein dargereichtes Bröckchen aus der Hand entgegen. Danach trat er zwei, drei Schritte zurück und verzehrte, vor mir stehen bleibend, in aller Ruhe diesen Bissen.

Es ist schon ein ganz besonderes Gefühl, wenn einem durch ein freilebendes Wildtier ein solches Vertrauen entgegengebracht und man sozusagen als gleichwertiges Familienmitglied in diese Gemeinschaft einbezogen wird. Es war immerhin noch kein Jahr vergangen, seitdem ich Mohrle zum ersten Mal sah, und schließlich war er zu diesem Zeitpunkt schon ein ausgewachsenes Tier. Im Unterschied dazu hatte ich Feline und ein Jahr später Rabautz und Paulinchen bereits als Welpen nach und nach an mich gewöhnt.

Auch Paulinchen kam jetzt wieder regelmäßig, hielt aber meistens etwas Abstand, wenn Feline oder Mohrle anwesend waren. Mehrmals geschah es, dass Paulinchen mir gegenüber eine Demutshaltung einnahm statt sich zurückzuziehen, wenn ich mich ihr auf kurze Distanz näherte. Sie hockte sich dann mit „Katzenbuckel" und eingeklemmtem Schwanz vor mich hin, dabei mit angelegten Ohren und geöffnetem Rachen leise winselnd.

Im Laufe der langen Zeit, in der ich mich so intensiv mit der Sippe Reineke befasste, hatte sich ihr Vertrauen mir gegenüber in einem Maße gefestigt, wie ich es zu Beginn für unmöglich gehalten hätte.

Nur aufgrund dieser Tatsache waren aber auch die individuellen Merkmale, mit deren Hilfe sich die Tiere unterscheiden ließen, deutlich erkennbar. Das betraf nicht nur das äußere Erscheinungsbild, wie Körpergröße, Färbung, Gesichtszeichnung oder –ausdruck, dazu Form und Stellung der Ohren, sondern auch markante Unterschiede im Wesen und Charakter. Am jeweiligen Verhalten, an der Art des Kontrollierens, des Prüfens einer bestimmten Situation, am zögerlichen oder forschen Herauswagen aus der sicheren Fichtendickung und dem folgenden Herantraben konnte ich meistens schon auf größere Entfernung erkennen, welcher meiner Freunde sich gerade im Anmarsch befand.

Mit dem Haarwechsel vom Sommer- zum Winterfell trat eine Veränderung der Grundfärbung ein, die sich aber nicht auf die Gesichtszeichnung auswirkte. Dies war besonders auffällig bei Mohrle. Obwohl sein Haarkleid anfangs sehr dunkel und düster

Feline möchte Tochter Paulinchen aus ihrem Revier vertreiben.

Es kommt zu interessanten Verhaltensstudien: Paulinchen in Demutshaltung (oben); jetzt hilft nur noch die Flucht (unten).

war, legte er sich in diesem Herbst ein farbenfrohes, fast buntes Winterfell zu. Trotzdem war er aber, vor allem in der Rücken- und Flankenpartie, immer noch dunkler als Feline oder Paulinchen. Letztere hatte mittlerweile, besonders in der Flankengegend, ein hübsches, silbrig schimmerndes Fell bekommen. Dieser Färbung zufolge hätte man sie für einen Altfuchs halten können.

Um sich zu behaupten, muss man sich schon mal auf die Hinterbeine stellen (Paulinchen links, Feline rechts).

Streitereien

Öfters gab es Streit zwischen Feline und Paulinchen. Feline duldete es absolut nicht, wenn Paulinchen sich ihr – meist unbeabsichtigt – zu sehr näherte. Kam Paulinchen erst dazu, wenn Feline schon anwesend war, blieb sie meist ängstlich am Dickungsrand stehen und schaute nur erwartungsvoll zu mir herüber.

Eines Nachmittags im Dezember stritten sich Mohrle und Paulinchen ziemlich heftig. Aufrecht auf den Hinterbeinen und mit den Vorderbeinen gegen die Schultern abstützend, schrien sie sich zähnefletschend an. Feline, die in einiger Entfernung auf der anderen Seite des Weges stand, kam plötzlich wie eine Furie herangerast und rannte Paulinchen regelrecht über den Haufen. Diese flüchtete schreiend in die nahe Dickung, verfolgt von Feline. Dort hörte ich sie noch streiten und schreien. Ich weiß nicht, ob es meinen energischen Worten zu verdanken war, dass nach einem Weilchen Ruhe einkehrte und Feline wieder herauskam. Mohrle hatte keine Veranlassung gesehen, sich an diesem Streit zu be-

teiligen, obwohl er allem Anschein nach der Grund war. Es schien so, als ob die beginnende Ranzzeit schon zu Eifersüchteleien unter den beiden Fähen führte.

Der Winter machte nun seinen Einfluss immer deutlicher geltend. Schon mehrfach hatte es tüchtig geschneit, aber selbst auf den Waldeshöhen verschwand die geschlossene Schneedecke bereits wieder nach einigen Tagen.

Die Sorgen um meine Schützlinge, die ich mit Blick auf die Jagden des vorhergehenden Winters in den benachbarten Revierteilen hatte, waren in diesem Winter unnötig. Über die bis dahin schon schutzgewährenden Zusagen des Revierförsters hinaus wurde in weiteren angrenzenden Revierteilen die Jagd auf Füchse auf Veranlassung des zuständigen Forstamtsleiters eingestellt. Meine „Aktion Rotfuchs" wurde durch die Forstdienststellen nicht nur wohlwollend geduldet, sondern durch diese Maßnahmen wesentlich unterstützt.

Im Winterwald

Auch die kalte Jahreszeit hielt mich nicht davon ab, meine Freunde weiterhin fast täglich zu besuchen.

Nachdem der starke Schneefall nachgelassen hatte, begab ich mich eines späten Nachmittags wieder ins Fuchsrevier. Tief verschneit lag der Winterwald. Märchenhaft und wie verzaubert wirkten die Fichten unter dem dicken, weichen Polster des Neuschnees. Die Stille wurde nur unterbrochen von sanften Lockrufen eines Dompfaffpärchens, die Farbenpracht seines Gefieders bildete einen reizvollen Kontrast zu den schneebedeckten Fichtenzweigen. Feine Wölkchen silbrigen Pulverschnees stäubten von den Zweigen herab, auf denen sie sich nieder gelassen hatten.

Noch war die Schneedecke fast unberührt. Nur die Springspur eines Eichhörnchens verlief quer über den Waldweg und verlor sich im Altfichtenbestand.

Langsam brach die Dämmerung herein. Schon blinkten die ersten Sterne am fast wolkenlosen Himmel, spürbar wurde es kälter.

Plötzlich war ganz in der Nähe – mehrmals hintereinander – ein deutliches Bellen hörbar. Darauf hatte ich gewartet: Es waren die Ranzlaute eines Fuchses, der damit seinen Standort anderen Artgenossen mitteilte.

Jetzt in der winterlichen Ranzzeit – der Paarungszeit der Füchse – kann man dieses Bellen öfters, besonders in der Dämmerung und nachts, hören. Langsam entfernte sich das rhythmische Bellen, doch nach einiger Zeit kam es wieder näher. Bewegungslos verharrte ich und lauschte still diesen dumpfen, heiseren Lauten.

Unvermittelt huschte ein lang gestreckter Schatten über den Waldweg, wenige Augenblicke später folgte auf gleicher Spur ein zweiter. Hatte ein Fuchsrüde seine Partnerin gefunden? War es gar Feline? Das konnte ich in der zunehmenden Dunkelheit und im kurzen Augenblick des Vorüberhuschens jedoch nicht mehr feststellen. Der Rüde konnte selbstverständlich auch Mohrle sein. Beide hatten ja bereits im vorigen Winter Hochzeit gehalten.

Auch Paulinchen, die aus dieser Paarung hervorging, und die ältere Füchsin Molli waren noch im selben Gebiet – aber von Feline nur bei genügend Abstand geduldet.

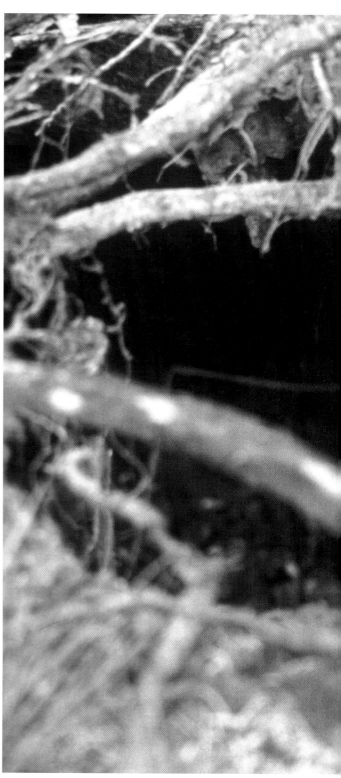

Mohrle im unterirdischen Versteck.

56

Nun hielten sich also, zuweilen gleichzeitig, drei mir bekannte Fähen und ein Rüde in diesem Bereich auf und wahrscheinlich noch der eine oder andere mir unbekannte Fuchs.

Sehr gespannt war ich, wenn ich an den doch sicher folgenden Nachwuchs im kommenden Frühjahr dachte. Auch bei Paulinchen, jetzt ein dreiviertel Jahre alt, rechnete ich damit, dass sie im folgenden März oder April Junge bekommen würde. Feline, ihre Mutter, hatte im gleichen Alter im Vorjahr auch ihre Jungen zur Welt gebracht.

Mittlerweile, während ich diesen Gedanken nachhing, hatte sich das Bellen immer weiter entfernt und war schließlich ganz verstummt.

Es war Zeit, den Heimweg anzutreten.

Obwohl ich mich so häufig im Wald aufhielt, sah ich manchmal tagelang keinen Fuchs. Öfters vernahm ich jedoch ihr Bellen, mal näher, mal weiter entfernt.

Im winterlichen Zauberwald

Zuweilen wiederum kam eines der Tiere, oder gar mehrere gleichzeitig, ganz vertraut unmittelbar zu mir, um einen mitgebrachten Leckerbissen abzuholen. Zumindest die Fähen hielten dann gegenseitig Abstand oder es kam zu Drohungen und Streitigkeiten zwischen ihnen.

Paulinchen blieb allerdings immer die ängstlichste der drei Füchsinnen und hielt sich meistens, wenn Feline und Molli anwesend waren, etwas mehr im Hintergrund. Das heißt allerdings nicht, dass sie sich bei Streitigkeiten alles gefallen ließ. Gelegentlich setzte sie sich gegenüber Feline oder besonders Molli auch mal energisch zur Wehr, wobei sie letztere einmal regelrecht in die Flucht trieb.

Aber auch zwischen Mohrle und einer der Fähen konnte es zum Streit kommen, wenn es um Nahrung ging.

Mollis Winterspiele

Mitte Februar hatte es erneut geschneit. Besonders Molli schien daran großen Gefallen zu haben.

Mehrmals beobachtete ich, dass sie vier-, fünf-mal hintereinander einen kurzen Anlauf nahm, dann mit den Vorderbeinen einknickte und sich abwech-selnd mal links oder rechts seitwärts mit dem Kopf voran in den lockeren Pulverschnee warf, wobei der Schnee jedes Mal aufstäubte.

Durch den Schub bedingt rutschte Molli jeweils eine Strecke vorwärts und half dabei gleichzeitig mit den Hinterbeinen noch kräftig nach. Während dieses Treibens gab sie winselnde Laute von sich, die hin und wieder gar ins Schreien übergingen.

War sie zum Stillstand gekommen, wälzte sie sich mitunter über den Rücken mal auf die eine, mal auf die andere Seite.

Bemerkenswert fand ich, dass Molli dieses Spiel manchmal auch auf verhältnismäßig kleinen Schnee-resten trieb, die nach vorangegangenem Tauwetter noch übrig geblieben waren. Mag es eine Art Bad im Schnee gewesen sein oder eine spielerische „Schlit-tenfahrt" – auf mich machte es den sicheren Ein-druck, als habe sie ihre helle Freude daran.

Einmal saß Paulinchen nur wenige Meter entfernt auf einem etwas erhöhten Platz und schaute Molli bei ihrem vergnügten Treiben zu. Sie schien jedoch keine Lust zu haben, sich auch an diesem Spiel zu beteiligen.

Vielleicht war diese Art Wintersport aber auch eine ureigene Erfindung von Molli, denn bisher konnte ich bei keinem anderen Fuchs solches Ver-halten beobachten.

Mit Beginn des Monats März wurde es immer mil-der, der Schnee war längst verschwunden. Der Vor-frühling kündigte sich an, es wurde lebhafter in der Natur. Das Trommeln der Spechte hallte durch den Wald, erste Drosseln ließen ihren Gesang ertönen, und vereinzelt war das noch zaghafte Gurren eines Ringeltaubers zu vernehmen.

Molli war die Freude, mit der sie ihre winterlichen Rutschpartien vollführte, regelrecht anzusehen.

Wo bleibt der Nachwuchs?

Der März aber ging dahin, ohne dass sich bei den drei Fähen irgendetwas tat, das darauf hingedeutet hätte, dass sie Mutterfreuden entgegensähen.

Trotzdem suchte ich inzwischen in dem unübersichtlichen Gelände nach einem Bau. Ich vermutete, dass Feline, Molli oder Paulinchen zur Geburt ihrer Jungen einen der zahlreichen Wurzelstöcke der vom Wind geworfenen Fichten auswählen würden. Aufgrund der ungünstigen Bodenverhältnisse war nicht mit einem großen, auffälligen Bausystem, sondern nur mit kleinen Unterschlüpfen und Höhlen zu rechnen. Einen Fuchsbau fand ich aber trotz aller Sucherei nicht.

Als auch der April vorüberging, ohne dass sich bei Feline, Molli oder Paulinchen Nachwuchs eingestellt hatte, war eindeutig klar, dass es in diesem Frühjahr keine Jungfüchse im Revier geben würde. Das war schon sehr eigenartig und machte mich nachdenklich.

Für diese Besonderheit konnte es nur eine Erklärung geben, und die hing mit dem Nahrungsangebot zusammen: Es war ein so genanntes schlechtes Mäusejahr, und Mäuse sind nun einmal die Hauptnahrung der Füchse. In diesem Frühjahr konnte man aber nur äußerst selten einmal eine Maus beobachten. Offenbar stellt die Natur die Füchse auf die künftigen Nahrungsschwierigkeiten ein. Wie sonst sollten drei Fähen im selben Gebiet und zur selben Zeit ohne Nachwuchs bleiben?

Mohrle an einem kalten, regnerischen Märztag; Feline und Paulinchen im Hintergrund.

In vielen Gesprächen mit Naturbeobachtern, Förstern und Jägern wurde mir bestätigt, dass im gleichen Jahr in anderen Regionen ebenfalls festgestellt worden war, dass dort Fähen bei gleichfalls geringem Mäusebesatz keine oder nur eine geringe Anzahl von Welpen zur Welt gebracht hatten.

Auch in verschiedenen Fachzeitschriften wurden später solche Fälle beschrieben und entsprechende Vermutungen geäußert. Schließlich ist beispielsweise bekannt, dass auch bei Greifvögeln und Eulen der Bruterfolg vom Angebot der Nahrung – also hauptsächlich dem ausreichenden Vorhandensein von Mäusen – abhängt.

So deutet vieles darauf hin, dass auch beim Fuchs zwischen dem zur Verfügung stehenden Nahrungsangebot und der Vermehrungsrate ein ursächlicher Zusammenhang besteht.

Öfters, wenn ich meine vierbeinigen Freunde besuchte und mich dort auf irgendeinem Baumstubben niederließ, setzten oder legten sie sich in meine unmittelbare Nähe oder auch einige Schritte entfernt, um sich ausgiebig zu putzen, zu ruhen oder auch zu schlafen. Untereinander hielten sie jedoch Abstand.

Es ist schon ein beglückendes Gefühl, manchmal mehrere erwachsene Füchse gleichzeitig um sich versammelt zu haben, die bei geringsten Anzeichen der Annäherung fremder Menschen – für mich längst noch nicht erkennbar – blitzartig im Dickicht verschwinden.

Der Pilzsucher

Unterdessen ging der Herbst ins Land. Die Jahreszeit hatte wieder reichlich Pilze beschert, auch im Fuchsrevier waren oft Pilzsucher anzutreffen.

Nach einem Besuch bei „meinen" Füchsen wollte ich den Heimweg antreten. Mohrle lief noch ein Stückchen neben mir her bis zum Waldweg. Plötzlich kam, fast lautlos auf einem bisher nicht einsehbaren, vergrasten Weg ein Pilzsucher herangeschlendert, die Augen suchend links und rechts an den Waldhoden geheftet. Mohrle hatte ihn wegen des ungünstigen Windes nicht früh genug wittern können, doch nun war er augenblicklich mit zwei, drei Sätzen unter einem am Weg lagernden Stapel von Fichtenstämmen verschwunden. Als der Mann mit seinem Sammelkorb herankam, stellte ich befreit fest, dass er von meinem vierbeinigen Begleiter ganz und gar nichts bemerkt hatte. Dieser saß währenddessen nur wenige Schritte entfernt unter dem aus nur sieben bis acht Stämmen bestehenden Holzpolter und muckste sich nicht.

Seitwärts hätte er auch nicht ohne aufzufallen entfliehen können, da das bergende Dickicht zu weit entfernt war.

Mit dem Pilzsammler kam ich noch ein wenig ins Gespräch. Er ließ mich sein Sammelergebnis begutachten, wir tauschten einige Erfahrungen über Pilze aus, wobei ich heimlich und verstohlen immer wieder zu den Fichtenstämmen hinblickte. Aber dort rührte und regte sich nichts. Endlich zog der Pilzfreund, mit meinen besten Wünschen versehen, seines Wegs. Diesmal dauerte es fast ein Viertelstündchen, bis sich Mohrle wieder unter dem Holzstapel hervortraute. Die außergewöhnlichen Fähigkeiten und das Geschick von „Reineke Fuchs" waren mal wieder deutlich unter Beweis gestellt.

Nach einigen grauen Nebeltagen zeigten sich mit gelegentlichen Bodenfrösten die ersten Vorboten des kommenden Winters. Häufig waren jetzt große Finkenschwärme auf dem Herbstzug zu beobachten, die meisten Zugvögel waren indessen längst abgereist.

Spannung brachte der Gedanke an die wieder bevorstehende Ranzzeit der Füchse. Wie mochte sie in diesem Winter verlaufen? Und was würde das im nächsten Frühjahr für Folgen haben? Der mir bekannte Fuchsbestand hatte sich gegenüber dem Vorjahr ja in keiner Weise verändert. Die unruhige Zeit begann und um Weihnachten hörte ich die ersten Füchse bellen. Meine Freunde sah ich jetzt nicht mehr so häufig, sie verweilten dann meist auch nur kurze Zeit. Ihr Vertrauen mir gegenüber blieb aber trotzdem nach wie vor gleich fest. Unterschiedlich war das Verhalten der einzelnen Füchse in diesem Zeitraum. Feline und Paulinchen waren sehr unstet und am seltensten zugegen. Mohrle kam schon etwas häufiger, am regelmäßigsten aber ließ sich Molli am Treffpunkt blicken.

Oftmals führte sie dann, wie im vergangenen Winter, ihre winterlichen „Schnee-Schauspiele" vor mir auf, manchmal auch mit Feline und Paulinchen als Zuschauer. Nur einmal sah ich in diesem Winter, dass sich Paulinchen ansatzweise mal kurz an diesem Spiel beteiligte, jedoch in einiger Entfernung von Molli.

Fliegenpilze würden wohl auch Füchsen nicht bekommen.

Heftiger Streit zwischen Feline und Molli; noch scheint Feline die Siegerin zu sein.

Eifersucht

Eines Tages gegen Ende Februar – und damit auch am Ende der Ranz – kam es zwischen Feline und Molli zu einem erheblichen Streit, der schließlich in einen ernsthaften Kampf auszuarten schien. Beide Fähen hatten sich, zuerst auf Abstand, gegenseitig mit weit aufgerissenen Schnauzen, drohendem Gebiss und angelegten Ohren angefaucht. Plötzlich fielen sie kreischend und winselnd übereinander her und wälzten sich im Schnee. Der Angriff erfolgte so überraschend, dass ich nicht erkennen konnte, welche der beiden die Urheberin war. Mal lag Molli auf dem Rücken, die vorgestreckten Beine abwehrend Feline gegen die Brust gestemmt, mal Feline. Beide versuchten gegenseitig lautstark, ihre gefährlichen, zahnstarrenden Rachen der Gegnerin bedrohlich zu nähern oder umgekehrt, diese abzuwehren. Kurz darauf kam Feline in Bodenlage, es war ein stetiger Wechsel, ohne dass eine der beiden überlegen zu sein schien.

Kurzzeitig ließen sie voneinander ab, wobei die im Augenblick am Boden liegende Feline fast zusammengerollt und winselnd liegen blieb, während Molli weiterhin drohend im Bogen um sie herumlief. Aber dann fielen sie wieder übereinander her. Trotz der Erbitterung, mit der der Streit geführt wurde, war nicht eindeutig festzustellen, dass sie sich wirklich gebissen hätten.

Während ich das erregende Geschehen fotografierte, sah ich, dass Feline, die unter Molli lag, plötzlich entweichen konnte und laut schreiend die Flucht ergriff. Sofort setzte ihr Molli energisch nach, beide verschwanden in einer Dickung. Durch das laute Kreischen war klar, dass die Jagd dort weiterging. Mit größer werdender Entfernung nahm das Kampfgeschrei ab und war schließlich überhaupt nicht mehr vernehmbar.

Sollte der heftige Streit jetzt zum Ausgang der Ranz vielleicht schon mit der wahrscheinlich bevorstehenden Geburt der Jungen zu tun haben und damit auch mit einer entsprechenden festeren Revierabgrenzung? Jedenfalls war die Jagd weit in den immer von Feline bevorzugten Revierteil hineingegangen.

Ich wartete eine längere Zeit, doch keine der streitbaren Füchsinnen kam noch einmal zum Vorschein.

Der „Mäusesprung" – mit ihren hochempfindlichen Sinnesorganen können Füchse Mäuse auch unter geschlossener Schneedecke orten.

Molli war tags darauf wieder zur Stelle, aber Feline sollte ich nach diesem Vorfall lange Zeit nicht mehr sehen.

Immer häufiger machte ich mir Gedanken, was wohl mit Feline geschehen sei. Molli gegenüber ließ ich mir natürlich nicht anmerken, dass ich ihr wegen des Verschwindens von Feline im Augenblick nicht ganz so freundlich gesonnen war. Aber Molli schien auch weiterhin völlig unbeeindruckt. Und außer ihr waren ja auch noch Mohrle und Paulinchen ziemlich regelmäßige Gäste.

So neigte sich langsam die kalte Jahreszeit ihrem Ende entgegen. Doch der scheidende Winter verursachte mit kurzeitigen, dennoch sehr starken Stürmen nochmals beachtliche Schäden in einigen Waldgebieten. Abgebrochene, zerfetzte Stämme, umgeworfene und gekippte Fichten mit aus dem Bo-den gerissenen und nun aufragenden Wurzeltellern zeigten deutlich die Spur, die der Orkan hinterlassen hatte.

Die entwurzelten Fichtenstämme wurden von Waldarbeitern im Frühjahr aufgearbeitet und wie in den Vorjahren am Weg zum Abtransport gelagert.

Im Wesertal blühten die ersten Weidenkätzchen, jeder Vogellaut machte einem jetzt erwartungsvoll und froh gestimmt das Nahen des Frühlings bewusst.

Doch zurück zum Wald und seinen Füchsen. Feline war nun bereits seit mehreren Wochen nach dem Kampf mit Molli verschollen. Paulinchen, Molli und Mohrle zeigten sich wie bisher mehr oder weniger regelmäßig.

Mit dem zu Ende gehenden März rechnete ich mit Nachwuchs bei „meinen" Füchsinnen.

Molli mit prallem Gesäuge.

Mäusejahr – Fuchsjahr

Eines Spätnachmittags, nach über vier Wochen Abwesenheit, stand urplötzlich Feline wieder vor mir. Sie war vertraut wie eh und je.

Ich war mehr als überrascht und richtig froh. Noch erstaunter war ich, als ich alsbald an ihrem prallen Gesäuge erkennen konnte, dass sie sich nach so langem Fernbleiben erst wieder bei mir einfand, als sie Junge hatte. Feline blieb jedoch nur wenige Augenblicke, dann trabte sie wieder von dannen. Sie musste schnellstens zum Bau zurück, um ihre winzigen Welpen zu wärmen. Demnach hatte Feline etwa um den 22. März ihre Jungen bekommen, zum gleichen Zeitpunkt wie zwei Jahre zuvor. Auch Molli und Paulinchen blieben nun für einige Tage verschwunden. Als sie sich wieder – an unterschiedlichen Tagen

– einfanden, war zu meiner großen Freude auch hier ersichtlich, dass Paulinchen und Molli Mütter geworden waren. Nach meinen Aufzeichnungen, die ich von Anfang an regelmäßig niederschrieb, mussten beide so um den 23. bis 25. März ihre Welpen geboren haben. Also alle drei Fähen zur fast gleichen Zeit.

Mitentscheidend dafür, dass alle drei Füchsinnen in diesem Frühjahr Nachwuchs hatten, war sicherlich das derzeit große Nahrungsangebot an Mäusen. Gebietsweise war die Massenvermehrung der kleinen Nager nicht zu übersehen. Diese Beobachtungen machten den Zusammenhang zwischen Nahrungsangebot und Nachwuchsrate, wie schon im Vorjahr beobachtet, erneut deutlich.

Nachdem nun feststand, dass in diesem Frühjahr Feline, Paulinchen und Molli Welpen bekommen hatten, begann für mich erneut die langwierige Bausuche in dem unübersichtlichen Gelände mit vielen, teils inselartigen Fichtendickungen unterschiedlicher Größe, dazwischen die teilweise wieder aufgeforsteten ehemaligen Windwurfflächen mit einer großen Zahl alter und frischer Wurzelteller.

Trotzdem war ich anfangs sehr optimistisch. Es müsste ja mit dem Teufel zugehen, so dachte ich, wenn ich nicht wenigstens eines der drei Verstecke finden würde.

Im gesamten Zeitraum von fast drei Jahren, in dem ich mich hier mit „Familie Reineke" so intensiv beschäftigt hatte, wurde immer deutlicher, dass jedes einzelne der Tiere einen bestimmten Waldteil bevorzugte. Der gemeinschaftliche Treffpunkt, der engere Bereich also, in dem ich mich ziemlich regelmäßig mit den Füchsen traf, hatte eine Ausdehnung von etwa 200 mal 350 Meter. Hier überlappten sich auch die Streifgebiete der Füchse.

Der überwiegende Teil dieses Gebietes mit einer nicht eingrenzbaren Ausdehnung nach Süden hin wurde hauptsächlich von Mohrle beansprucht. Östlich daran schloss sich das von Feline bevorzugte Aufenthalts- und Streifgebiet an, während die Gebiete von Paulinchen westlich und die von Molli nordwestlich angrenzten.

Diese Verhältnisse wurden im Laufe der Zeit daraus ersichtlich, dass jedes der Tiere meistens aus diesen Bereichen zu mir kam und sich anschließend vorzugsweise auch wieder hierhin zurückzog. In zwei Fällen bildeten anscheinend Waldwege, zumindest annähernd, die Grenzlinien zwischen den bevorzugten Aufenthaltsgebieten der Fähen. Bei Mohrle war das nicht so deutlich erkennbar, sein Streifgebiet zog sich offensichtlich über die Randgebiete der Reviere von Molli und Paulinchen hinweg. Das heißt jedoch nicht, dass die Tiere diese Grenzlinien als unumstößlich betrachteten oder gar verteidigten. Es bedeutete nur, dass die so beschriebenen Gebiete überwiegend von den jeweils „ansässigen" Füchsen genutzt wurden.

Um also einen Bau zu finden, musste ich vor allem die Revierteile der Fähen erkunden. Da aber die Versteckmöglichkeiten nahezu ausschließlich – sieht man mal von den Wurzelstöcken auf den Freiflächen

ab – in den tief beasteten, dichten Fichtendickungen zu suchen waren, war ein Erfolg eher unwahrscheinlich.

Natürlich versuchte ich immer wieder, die Baue ausfindig zu machen, kam aber über den Randbereich der Dickungen nicht hinaus. Die tief beasteten Jungfichten standen so dicht, dass ich zeitweise meine eigenen Füße am Erdboden nicht mehr sehen konnte. Selbstverständlich sind in diesen Dickichten sehr verstreut kleine Lücken und Lichtungen vorhanden, wo die Füchse auch die wärmenden Sonnenstrahlen genießen können.

Manchmal lockte ich abwechselnd Feline, mal Molli mit mir, in der Hoffnung, dass sie mich vielleicht zum Bau führten. Aber natürlich verlor ich sie hier im Nu aus den Augen. Hockte ich mich an den Boden und schaute unter den Zweigen durch, sah ich, dass sie ganz in meiner Nähe ebenfalls stehen geblieben waren und wartend zu mir hinschauten. Erhob ich mich wieder, hatte ich sofort den Sichtkontakt verloren. Paulinchen war in solchen Fällen nicht ganz so vertrauensvoll wie Feline oder Molli, im düsteren Dickicht ließ sie mich bald allein.

Die Fähen hatten ihren Nachwuchs in wahrlich sicheren Verstecken untergebracht. Nach einer gewissen Zeit musste ich die aufwendige Sucherei erfolglos einstellen. Die Hoffnung, dass mich Feline wie im vorletzten Jahr – als Paulinchen und Rabautz zur Welt kamen – zum außerhalb einer Dickung liegenden Bau führen könnte, war somit ebenfalls zerronnen.

Als letzte Chance, die Welpen wenigstens einer der Fähen zu Gesicht zu bekommen, blieb nur die vage Aussicht, dass eine der Fuchsmütter früher oder später ihre Jungen zu mir mitbringen würde.

Etwa vier Wochen nach der Geburt versorgen Fähen ihre Welpen bereits auch mit fester Nahrung. Jetzt konnte ich feststellen, dass „meine" Füchse mit Futter für die Jungen regelmäßig in jenen Dickungen verschwanden, die in ihren jeweiligen Revieren lagen. Damit waren nun auch die möglicherweise als Kinderstuben in Frage kommenden Wurzelstöcke auf den Freiflächen ausgeschieden.

So ging der April dahin. Er machte zeitweise mit nasskalten Schauern und kurzzeitigen sonnigen Lichtblicken seinem Ruf der Unbeständigkeit alle Ehre.

Diese Vogelbeeren hingen für Molli nun wirklich nicht zu hoch. Mit einem Sprung erreichte sie die Beeren.

Wo bleibt Mohrle?

Ende April sah ich Mohrle zum letzten Mal. Er blieb für immer verschwunden. Anfangs hoffte ich unentwegt, dass er eines Tages wieder auftauchen würde, jedoch vergebens. Vermutlich ist er einem Unfall zum Opfer gefallen.

Trotz seiner manchmal aufdringlichen Dreistigkeit hatte ich ihn natürlich im Laufe der Zeit in mein Herz geschlossen. Fast zweieinhalb Jahre waren vergangen, seitdem ich ihn als bereits erwachsenen Fuchs kennen gelernt hatte!

Feline, Paulinchen und Molli traf ich immer noch regelmäßig im Wald an. Oft hielten sie sich nur kurze Zeit bei mir auf, da sie ihre Welpen zu versorgen hatten.

Bald konnte ich auch am Weg – dem wahrscheinlichen Grenzbereich zwischen Paulinchens und Mollis bevorzugten Territorien – die ersten Füchslein beobachten. Mal spielten sie am Waldrand, mal ruhten sie in der Sonne. Bemerkten sie mich, waren sie sogleich wieder verschwunden.

Anfangs war ich mir nicht im Klaren, ob es sich um die Welpen von Molli oder die von Paulinchen oder gar von beiden gemeinsam handelte. Mit der Zeit jedoch stellte ich fest, dass zwischen beiden bevorzugten Aufenthaltsplätzen der Jungfüchse ein gewisser räumlicher Abstand lag. Aus der Entfernung beobachtete ich, dass sich hin und wieder an beiden Plätzen gleichzeitig Welpen tummelten.

Nach anfänglicher Unsicherheit gelang es mir bald, sie auch den einzelnen Müttern zuzuordnen.

Die Spiel- und Sonnenplätze von Paulinchens Welpen lagen unweit der Autostraße, und das forderte auch bald seine Opfer. Mindestens zwei der erst wenige Wochen alten Füchslein wurden leider von Autos überfahren. Ihre ursprüngliche Anzahl konnte ich nie eindeutig ermitteln, da sie mal hier und mal dort zwischen den an dieser Stelle weiträumig stehenden Jungfichten auftauchten. Es waren wohl nur vier bis fünf Junge. Mit dem Heranwachsen sah ich sie immer seltener, möglicherweise kamen noch mehr von ihnen um.

Man muss klein anfangen, wenn man einmal Bäume ausreißen will.

Wie bei allen Kindern ist es auch bei Mollis Welpen – viel essen ...

Molli zieht um

Mollis Kinder, fünf an der Zahl, hielten sich dagegen etwas weiter entfernt von der Straße auf. Die kleinen Füchslein machten manchmal allein schon ausgedehnte Erkundungsgänge. Dabei fiel auch eines von ihnen dem Straßenverkehr zum Opfer.

Mitte Mai quartierte Molli ihre Jungen noch weiter von der Straße entfernt unter einem der Holzpolter am Waldweg ein. Später brachte sie diese auch an die Randzone unseres ständigen Umgangsbereichs mit. Obwohl die Welpen anfangs noch äußerst scheu waren, gewöhnten sie sich bald an mich und wurden tagtäglich vertrauter. Die nur wenigen Stämme dieses Holzlagers boten Molli aber wohl keinen ausreichenden Schutz für ihre Kleinen. Nach wenigen Tagen zog sie mit ihnen in einen nahen, doch etwas geschützter liegenden Wurzelstock um. Dieser war teilweise unterhöhlt und bot somit den Füchsen einen günstigen Unterschlupf und mir einen ausgezeichneten Beobachtungsort. Hier konnte ich die Jungfüchse in der nächsten Zeit weiter heranwachsen sehen.

Von den Welpen Paulinchens sah ich nur noch selten einen, die von Feline hatte ich bisher überhaupt nicht zu Gesicht bekommen. Die Dickung, die Feline als Versteck für ihre Kinder gewählt hatte, lag weiter abseits. Erschwerend kam hinzu, dass dieser Bereich wegen des herumliegenden dürren Astwerks der abtransportierten Fichtenstämme schlecht zu kontrollieren war. Ein lautloses Annähern an das Versteck war nicht möglich. Die Jungfüchse wurden durch das leiseste Geräusch sofort gewarnt und konnten sich frühzeitig verbergen.

Sooft ich im Fuchsrevier war, hielt ich mich vorwiegend am nun dauerhaft bezogenen Wurzelstock bei Molli und deren Kindern auf. Es bereitete viel Freude, den Kleinen beim täglichen Spiel, bei Balgerei und Jagerei zuzuschauen. Sie hatten aber zwischendurch auch ein großes Ruhebedürfnis und legten sich, meist einzeln, in der Nachbarschaft ihres Unterschlupfes schlafen. Hierzu suchten sie überwiegend gedeckt liegende, freie Plätzchen auf, wo sie nach Möglichkeit die wärmenden Sonnenstrahlen nutzen konnten.

... und schlafen.

Drohgebärden – unter diesem Wurzelstock ist kein Platz für zwei ausgewachsene Füchse

Maxi, Mausi, Milli und Mini

Mit der Zeit konnte ich auch die Jungfüchse recht gut auseinander halten, zumal sie sich im Äußeren sowie im Wachstum etwas unterschiedlich entwickelten. Auch ihnen gab ich Namen, um mir auf diese Weise jeden einzelnen von ihnen besser einprägen und unterscheiden zu können.

In Anlehnung an den Namen ihrer Mutter Molli ließ ich ihre Namen mit dem Anfangsbuchstaben „M" beginnen. Maxi, mit sehr hellem, sandfarbenem Fell, war das größte Füchslein. Außerdem trug es eine schwarze Schwanzspitze, die anderen dagegen alle eine weiße. Als es sich einmal ausgiebig putzte, konnte ich erkennen. dass Maxi eine kleine Fähe war. Bei den drei anderen Geschwisterchen konnte ich das Geschlecht auch in der Folgezeit nicht eindeutig feststellen. Das nächstgrößere nannte ich Mausi, es war mehr rötlichbraun gefärbt. Mit seinen auffällig abgewinkelten Fledermausohren machte es einen lustigen Eindruck. Wenn es beunruhigt oder erregt war, konnte es die Ohren aber auch normal aufrichten.

Die beiden anderen waren von einer mehr graubraunen Färbung. Milli, obgleich kleiner als Maxi und Mausi, war immer das vorwitzigste und dreisteste der Füchslein. Quer über der Nase trug Milli eine kleine Schramme, die wohl von einer Balgerei stammte und längere Zeit deutlich erkennbar blieb. Das kleinste und zurückhaltendste war und blieb Mini.

Wenn ich mich in der Nähe ihres Versteckes einfand, dauerte es manchmal nur wenige Augenblicke, bis sie sich zu mir gesellten. Oft hatten sie anscheinend schon meine Schritte vernommen oder meinen Wagen, den ich in einiger Entfernung abstellte, gehört. Häufig aber kamen sie auf meine Lockrufe herbei. Es kam natürlich auch vor, dass sie einmal längere Zeit auf sich warten ließen. Dann waren sie wohl auf ausgedehnten Erkundungsgängen gewe-

Vertrauensvoll und neugierig

Frechdachs Milli beißt sich in Felines Schwanzspitze fest und lässt sich hinterherschleifen.

sen oder hatten fest geschlafen. Selten kamen sie alle vier gleichzeitig herbeigelaufen, sondern häufiger einzeln und nacheinander. Um vom Waldweg aus nicht beobachtet werden zu können, setzte ich mich so an, dass ich durch einen dichten Fichtenstreifen gedeckt war.

Häufig fanden sich außer den vier Jungfüchsen und ihrer Mutter auch Feline und Paulinchen ein, so dass sich manchmal bis zu sieben Füchse gleichzeitig um mich versammelt hatten. Es gelang mir jedoch nie, diesen umfangreichen Familienclan mit dem Fernauslöser im Bild festzuhalten. Mal waren die Lichtverhältnisse nicht ausreichend, oder es regnete und ich wollte die Kamera auf dem Stativ nicht ungeschützt offen stehen lassen. Ein anderes Mal waren Störungen durch Spaziergänger zu befürchten und ähnliches mehr. Waren die Voraussetzungen jedoch einmal günstig, so waren meistens nicht alle Statisten gleichzeitig anwesend.

Bereits Anfang Juni waren die Jungfüchse so zutraulich geworden, dass der erste bereits ein von mir dargereichtes Nahrungsbröckchen aus der Hand entgegennahm. Natürlich war es auch in diesem Fall Milli. In den nächsten Tagen folgten die anderen Welpen diesem Beispiel und – wie erwartet – Mini als letzter.

Wie energisch die Welpen bei einem Streit um einen kleinen Bissen vorgehen können, zeigt folgende Begebenheit.

Mollis Welpen waren in meiner Nähe versammelt, als Feline mit einem kleinen, nicht erkennbaren Nahrungsbrocken in der Schnauze auf dem Weg zu ihren Jungen vorbeikam. Sie verweilte kurz, und sofort bemerkte Milli, dass Feline etwas in der Schnauze trug. Milli versuchte sogleich sehr aufdringlich, diesen Happen für sich zu beanspruchen. Als ihre Bettelei nichts nutzte und Feline sich hastig abwandte, rannte Milli ihr nach und biss sich in der Schwanzspitze von Feline fest. Vor Schreck und wohl auch Schmerz schrie Feline auf und tat mehrere Sprünge, wobei Milli, am Schwanz festgebissen, regelrecht durch die Luft flog. Erst einen Augenblick später ließ sie Felines Schwanz los und blieb zurück. Feline aber eilte in schnellem Trab ihrem entfernten Versteck entgegen.

Milli bettelt die Mutter an.

Fellpflege

War Molli nicht in der Nähe, versuchten ihre Kinder oft, Feline oder Paulinchen zur Fellpflege zu veranlassen. Feline gab tatsächlich hin und wieder einmal nach, bei Paulinchen war das jedoch nur ganz selten der Fall. Meistens reagierten beide Fähen aber recht abweisend, wandten sich um und trotteten davon. Wenn sich Feline jedoch einmal herabließ, das Fell von Mollis Welpen zu pflegen, so tat sie das meist nur für einen kurzen Augenblick. Man hatte das Gefühl, sie tat es eher widerwillig.

Mitunter versuchten Mollis Kinder auch, bei Feline oder Paulinchen zu trinken. Diese reagierten dann meist genauso barsch wie bei der Ablehnung der Fellpflege. Nur ein einziges Mal sah ich, dass Feline zwei der Welpen kurzzeitig säugte und dann die beiden regelrecht wieder abschüttelte.

Einen außergewöhnlichen Vorgang beobachtete ich eines Nachmittags im Juni. Molli ruhte am Bau, ihre Jungen spielten oder ruhten in meiner Nähe. Paulinchen saß etwas abseits auf einem Erdweg in der Sonne. Wenig später kam Feline aus der Dickung zu mir, blieb aber nur kurz und trabte dann weiter in Richtung des Verstecks ihrer Welpen.

Auf diesem Weg musste sie unmittelbar an Paulinchen vorbei. Als sie acht, neun Schritte an dieser vorüber war, hielt sie inne und setzte sich ebenfalls. Sofort liefen Milli und Mausi zu ihr und wollten gepflegt werden. Feline tat dies auch für einen Moment. Doch dann trabte sie zu Paulinchen zurück und begann sogleich, ihr ausgiebig Kopf und Nacken zu kraulen. Besonders bemerkenswert ist, dass Feline sich zu dieser Fellpflege veranlasst sah, ohne von Paulinchen dazu aufgefordert worden zu sein. Darüber hinaus tat sie das bei den fremden Welpen anscheinend eher recht ungern.

So überraschend für mich im ersten Augenblick die Fellpflege zwischen zwei erwachsenen Fähen war, so einleuchtend dürfte in diesem Fall der Vorgang aber auch sein. Immerhin handelte es sich um Mutter und Tochter, die eine mittlerweile dreieinviertel und die andere zweieinviertel Jahre alt. Beide hatten zu dieser Zeit Welpen, wobei Feline obendrein die Großmutter von Paulinchens Kindern war.

Paulinchen schien die Fellpflege sehr zu genießen. Zeitweise hielt sie den Kopf geneigt, um den Oberkopfbereich für Feline besser erreichbar zu machen.

Solche Sozialkontakte sind bei Tierarten wie Füchsen, die nicht so dauerhaft in Rudeln leben wie beispielsweise Wölfe, nicht sehr ausgeprägt. Kamen im Verhalten von Feline und Paulinchen die besondere verwandtschaftliche Beziehung und eine gewisse Zuneigung zum Ausdruck?

Zwar gab es zwischen diesen beiden hin und wieder auch mal Reibereien, insbesondere bei Nahrungsstreitigkeiten und zur Ranzzeit. Die Auseinandersetzungen waren jedoch kaum je so schroff wie zwischen Feline und Molli.

Feline betreibt bei ihrer ausgewachsenen Tochter Paulinchen Fellpflege.

Ein Welpe von Molli schmust mit Paulinchen.

Oft muss Molli ihre übermütigen Welpen zur Raison bringen. Kurzes Drohen und die Kleinen ordnen sich unter.

Traurige Verluste

Leider fand ich eines Tages Ende Juni wiederum einen toten Jungfuchs, den vierten, an der Autostraße. Es war wohl wieder eines von Paulinchens Kindern, Mollis vier Welpen waren derzeit noch vollzählig vorhanden.

Kurz darauf machte Mini einen apathischen Eindruck. Immer wenn ich mich zu den Füchsen begab, ließ sie sich nur kurz einmal sehen und zog sich gleich darauf wieder irgendwohin ins Dickicht zurück. Weder spielte sie mit ihren Geschwistern, noch drängte sie Molli, um gepflegt zu werden. Wenige Tage später blieb sie für immer verschwunden. Die häufig nasskalte Witterung des Frühjahrs hatte ihr wohl so sehr zugesetzt, dass sie krank wurde und starb.

Bald danach blieb auch die stets so quicklebendige, vorwitzige und zutrauliche Milli für immer verschwunden. Wahrscheinlich ist auch sie einer Krankheit zum Opfer gefallen, obwohl ich bei ihr keine Anzeichen erkannte, die darauf hingedeutet hätten.

Nun waren nur noch die beiden kräftigsten von Mollis Kindern, Mausi und Maxi, am Leben.

Die Zeit verging, ohne dass ich auch nur einmal die Jungen von Feline zu Gesicht bekommen hätte.

An einem schönen Sommertag kehrte Feline mit einer Maus und einem Maulwurf in der Schnauze von einem Beutezug zurück. Auf dem Weg zu ihren Welpen musste sie unmittelbar an mir vorüber. Als ich auf sie einsprach, hielt sie inne, legte Maus und Maulwurf nur einen Schritt neben meinem Fuß ab und setzte sich für einen Augenblick vor meinem Sitz auf den Weg.

Molli ruhte etwas abseits auf einem Baumstubben, Maxi und Mausi beschäftigten sich dort im Gras. Feline hielt alle drei, wohl in Sorge um ihre Beute, dauernd im Auge. Dass ich ihr die Beute nicht streitig machen würde, schien sie zu wissen, sonst hätte sie diese sicherlich nicht so nahe bei mir abgelegt. Doch nach wenigen Minuten nahm sie Maulwurf und Maus wieder auf und trabte weiter in Richtung des Verstecks ihrer Jungen.

Zwar versuchte ich noch mehrmals, das Geheimnis um Felines Bau und ihre Jungen zu lüften, aber es blieb für mich auf Dauer ungelöst.

Ende Juli trat der nächste Verlust ein. Mausi blieb für immer verschwunden. Ich konnte nicht ergründen, ob das jetzt etwa vier Monate alte Füchslein einer Krankheit oder einem Unfall zum Opfer gefallen war.

Oje! – Das sieht nach Standpauke aus ...

Feline mit Beute für ihre Welpen.

Kämpfe zwischen den Fähen unterliegen gewissen Regeln. Zu den „Disziplinen" des Kräftemessens gehören Drücken und Abdrängen mit den Vorderbeinen (links oben u. oben) oder mit dem Hinterteil (links unten).

Maxi und Moritz

Nun hatte Molli nur noch das Töchterchen Maxi. Dafür erschien Anfang August gelegentlich ein anderer, kräftiger Jungfuchs. Zuerst war er noch sehr scheu und verschwand bei der geringsten Bewegung von mir blitzschnell im Dickicht. Er war ein ganzes Stück größer als Maxi. Bei flüchtigem Hinsehen konnte man ihn fast für einen ausgewachsenen Fuchs halten. Aufgrund seiner Größe und seines auffallend buschigen Schwanzes, der sogar kräftiger war als diejenigen von Feline, Paulinchen oder Molli, vermutete ich in ihm einen jungen Rüden.

Sicherlich war er ein Nachkömmling von Paulinchen. Er hielt sich oft in unmittelbarer Umgebung von ihr auf, näherte sich überwiegend aus dem von Paulinchen bevorzugten Gebiet und zog sich meistens auch wieder dahin zurück.

Mit seiner vergleichsweise dunklen Färbung erinnerte er mich sehr an Mohrle. Zur hellen Maxi war er der rechte Gegensatz, zumal er eine weiße und sie eine schwarze Schwanzspitze trug.

Maxi hält Ausschau – das einzige Töchterchen, das Molli blieb.

Deshalb nannte ich ihn kurzerhand Moritz, obwohl sein Name ja eigentlich mit einem „P" hätte beginnen müssen – aber so hatte ich das Bilderbuch-Pärchen Maxi und Moritz oft beieinander und erfreute mich an ihnen. Im Laufe der Zeit erschien Moritz immer öfter und wurde von Tag zu Tag zutraulicher.

Ende des Sommers trat ein weiterer herber Verlust bei meiner Fuchsfamilie ein. Nun war es Paulinchen, zu dieser Zeit knapp zweieinhalb Jahre alt, die von einem Tag zum anderen verschwunden war und blieb. Auch bei ihrem Verschwinden musste ich von einem Unfall ausgehen, denn Anzeichen irgendeiner Krankheit oder Verletzung waren vorher nicht erkennbar. Glücklicherweise waren zu diesem Zeitpunkt ihre Kinder, so sie noch am Leben waren wie Moritz, bereits selbständig geworden.

So blieben nur noch Feline, Molli, Maxi und Moritz, die sich recht beständig einfanden, wenn sie mich im Wald bemerkten.

Langsam näherten sich die ersten Vorboten des Herbstes. Im Flusstal lagen morgens schon oft dicke Nebelbänke, und auf den Feldern rasteten Kleinvogelschwärme auf dem Zug nach Süden.

An manchen Tagen zogen große Schwärme von Kranichen mit laut trompetenden Rufen über den Wald hinweg nach Südwesten. Innerhalb von mehreren Tagen mögen es einige Tausend gewesen sein, die in geordneten Keilformationen ihren Winterquartieren zustrebten. Sehnsuchtsvoll schaute ich ihnen nach und wäre, in Anbetracht des vor der Tür stehenden Winters, am liebsten mit geflogen.

Bereits Ende September war Moritz so zutraulich geworden, dass auch er – anfangs noch recht vorsichtig – ein Nahrungsbröckchen aus der Hand annahm. Noch über eine Woche hielt dieses enge Vertrauensverhältnis an, doch dann blieb auch Moritz aus. Da er mittlerweile selbständig geworden war, wird er wohl fortgezogen sein, um sich ein eigenes Revier zu suchen. Aber mit letzter Sicherheit kann das nicht gesagt werden, auch in diesem Fall ist ein Unfall nicht auszuschließen.

Vier Wochen später trat dasselbe bei Maxi ein. Bei ihr hatte ich gehofft, dass zumindest sie in der Nähe ihrer Mutter bleiben würde, wie damals Paulinchen am Rand von Felines Aufenthaltsbereich.

Nun blieben nur noch die beiden älteren Fähen, Feline und Molli, mit denen ich selbstverständlich auch weiterhin den Kontakt aufrecht hielt.

Bald schon fielen die ersten Schneeflocken, tauten aber meist auch ebenso rasch wieder weg. Die neuerliche Ranzzeit der Füchse stand bevor.

Nachdem sich Frau Holle abermals kurzzeitig ausgetobt hatte, blieb zumindest auf den Höhenlagen des Waldes einige Tage eine geschlossene Schneedecke liegen.

Feline und Molli wurden wieder sehr unstet und ließen sich manchmal tagelang nicht sehen. Die Ranzzeit nahm ihren gewohnten Lauf, abends war das heisere Bellen der Füchse oft zu hören. Hin und wieder sah ich außer den beiden Fähen auch einmal den einen oder anderen fremden Fuchs über einen Waldweg huschen.

Eines Tages erschien ein anderer Jungfuchs. Moritz war sicherlich ein Nachkömmling von Paulinchen.

Tragische Ereignisse

Bald war der Schnee wieder verschwunden, manchmal wurde es bereits recht warm. Aber noch war Winter. Jetzt, mitten in der Ranzzeit, traf das Schicksal die Fuchsfamilie erneut hart.

Gegen Ende Januar erreichte mich der Anruf eines Forstmannes, der auf der Fahrstraße, die am Rande des Fuchsreviers vorbeiführt, einen durch ein Fahrzeug getöteten Fuchs fand. Er hatte ihn von der Fahrbahn genommen und am Waldrand abgelegt. Mit einem flauen Gefühl im Magen fuhr ich dorthin. Ein trauriger Anblick bot sich mir. Es war Molli, die nun tot vor mir lag. Am Nachmittag zuvor war sie noch vertraut zu mir gekommen, und ich hatte ja nicht geahnt, dass ich sie da zum letzten Mal lebendig vor mir gesehen hatte.

Der Verkehrstod ist das Los vieler Füchse. Auf der nächtlichen Suche nach Nahrung – nach toten oder verletzten Tieren entlang der Straßen – fallen sie leider auch selbst häufig dem Autoverkehr zum Opfer.

Auch Feline hatte ich bereits seit über einer Woche nicht zu Gesicht bekommen, so dass ich mir jetzt – besonders nach dem Unfall von Molli – ernsthaft Gedanken über ihren Verbleib machte. Sollte am Ende auch ihr etwas zugestoßen sein?

Zu meiner großen Erleichterung fand sich Feline wenige Tage nach Mollis Tod wieder ein. Aber wie sah sie aus!

Stark hinkend näherte sie sich mir, sie machte einen bedauernswerten Eindruck. Am linken Hinterbein fehlte oberhalb des Fersengelenkes auf etwa acht Zentimeter Breite rundherum das Fell. Es war abgestreift, die rohe Haut lag frei. Ebenso hatte sie an der linken Schnauzenseite eine stärkere Verletzung. Die Oberlippe war seitlich verletzt und das Fell zwischen Lippe und Auge zerrissen, aber die Wunde blutete schon nicht mehr. Erst etwas später bemerkte ich, dass auch an beiden Innenseiten der Hinterläufe das Fell vollkommen fehlte.

Wie Feline zu diesen eigenartigen Verletzungen gekommen war, blieb ungeklärt. Alle angestellten Grübeleien und Nachforschungen blieben ergebnislos. Der zuerst aufgetauchte Verdacht, dass sich Feline die Verletzung in einem Kampf mit einem wil-

dernden Hund zugezogen haben könnte, scheidet wohl aufgrund der Tatsache aus, dass das Fell an den Beinen abgerissen war, ohne dass irgendeine tiefere Wunde zurück blieb. So bleibt schließlich nur die Vermutung, dass Felines Verletzungen durch einen Unfall mit einem Kraftfahrzeug verursacht worden waren.

Trotz der gerade herrschenden Kälteperiode überstand Feline diese Verletzungen anscheinend ohne größere Probleme. Bald schon konnte sie wieder normal laufen, die bloß zutage liegende rosa Haut verfärbte sich lederartig graubraun.

Offensichtlich wirkten sich ihre Verletzungen nach kurzer Zeit schon nicht mehr nachteilig auf das Ranzverhalten aus. Feline kam sehr unregelmäßig und manchmal recht spät zum Treffpunkt. Ein anderes Mal sah ich einen weiteren Fuchs in ihrer unmittelbaren Nähe. Als dieser mich jedoch bemerkte, war er sogleich wieder verschwunden.

Bereits Anfang März – also nach etwa sechs bis sieben Wochen – wuchs wieder ein dünnes Fell über die bis dahin offenen Hautpartien. Die Wunde an der Schnauze blieb längere Zeit deutlich sichtbar und blutete verschiedentlich leicht. Sie platzte wohl durch die Beanspruchung beim Beutefang hin und wieder auf.

Ich aber war froh, dass Feline – sie war jetzt genau vier Jahre alt – zum Frühjahrsbeginn wieder einen vollkommen gesunden Eindruck machte. Nun blieb zu hoffen, dass ihr die Strapazen der Vergangenheit nicht zu arg zugesetzt hatten und sie trotzdem wieder Nachwuchs und erneutes Leben ins Fuchsrevier bringen würde.

Und tatsächlich. Anfang April – nachdem ich Feline drei Tage nicht zu Gesicht bekommen hatte – erschien sie wieder, mit deutlich sichtbarem Gesäuge. Sie hatte also, trotz aller Widrigkeiten, erneut Junge zur Welt gebracht.

Würde ich wohl dieses Jahr Felines Bau finden? Oder würde sie mich nochmals, wie bereits vor drei Jahren, zu ihren Jungen führen? Doch solche Gedanken waren wohl zu vermessen!

Immer noch sind die schweren Verletzungen Felines zu erkennen.

Unerwartetes Wiedersehen

Anfang Mai, Feline hatte sich eines abends gerade zu mir gesellt, sah ich plötzlich einen weiteren Fuchs über den Waldweg traben. Kurz darauf erschien er in geringer Entfernung zwischen einigen kleinen Fichten und schaute neugierig zu mir herüber. Wer mochte denn das wohl sein? Sicherlich ein Fuchs, der mich kannte, aber außer Feline hatte ich lange Zeit keinen anderen mehr hier gesehen. Trotz der auffälligen Annäherung machte er doch noch einen scheuen Eindruck, auch auf gutes Zureden näherte er sich nur noch um wenige Meter.

Und dann kamen mir das eigenartige Verhalten, das Gesicht und die Augen doch auch bekannt vor. Schließlich erkannte ich das Merkmal, das alle Zweifel beseitigte, den leicht deformierten Rand des rechten Ohres. Mir fiel es plötzlich wie Schuppen von den Augen. Ja, es war Paulinchen! Konnte das denn wahr sein? Sie, die ich längst tot geglaubt und etwa ein dreiviertel Jahr nicht mehr gesehen hatte, stand wieder lebendig vor mir! Es war kaum zu fassen und meine Freude groß. Ich warf ihr ein paar Leckerbissen zu, die sie sich auch augenblicklich holte.

Auch an den folgenden Tagen sah ich sie hin und wieder. Bei einem starken Regenschauer kam sie mir bis auf etwa drei Meter nahe. Da sah ich, dass sie unter dem linken Auge eine starke, schräg verlaufende Narbe trug. Und ebenfalls am linken Hinterbein war eine größere, bereits verheilte Verletzung sichtbar. Sollten diese Verletzungen der Grund dafür gewesen sein, dass sie damals so plötzlich verschwunden und lange nicht mehr aufgetaucht war? Es wäre möglich, dass sie nach einem Unfall unter Schockwirkung weit weg entflohen ist und sich irgendwo verkroch, um die Verletzungen auszuheilen. Danach brauchte sie wohl lange Zeit um sich wieder zurückzuorientieren und Anschluss zu finden. Fragen, die nicht mehr zu klären sind.

Wichtig war nur, dass Paulinchen lebte und sich nach solch langer Zeit noch an mich erinnerte und wieder bei mir einfand.

Bei unseren kurzen Begegnungen konnte ich jedoch nicht feststellen, ob Paulinchen auch in diesem Jahr wieder Junge hatte.

Nur wenige Tage nach der ersten Wiederbegegnung mit Paulinchen erwartete mich eine weitere Überraschung. Kurz nachdem ich mich eines Vormittags bei leichtem Sprühregen am Treffpunkt eingefunden hatte, traf auch Feline ein. Ich hatte viel Zeit mitgebracht und wollte mal wieder versuchen, dem Geheimnis von Felines Bau und ihren Kindern auf die Spur zu kommen.

Nach einiger Zeit entfernte sie sich auf einem der Waldwege. Ich folgte ihr ohne Eile. Hin und wieder blieb sie stehen und blickte wie wartend zu mir zurück. Nach knapp 300 Metern bog sie nach links vom Weg ab. Weiter ging es über eine sehr unübersichtliche Windwurffläche, genau auf die Fichtendickung zu, in der sie im Vorjahr ihre Jungen hatte. Ich war mir sicher, dass das nun wieder so sein würde. Doch nach mehr als 200 Metern ging sie rechts an diesem Jungfichtenbestand vorbei und abermals halbrechts abbiegend in die benachbarte Dickung hinein. Dort konnte ich ihr zunächst noch folgen, doch bald stand ich auf einer kleinen Lichtung allein. Feline war im Dickicht verschwunden.

Jetzt hieß es entweder aufgeben oder einfach warten, vielleicht würde Feline ja wiederkommen. Und sie kam wieder. Nach über einer Viertelstunde stand sie unvermittelt neben mir! Es war fast unglaublich. Immer wieder leise zu ihr sprechend, versuchte ich, den weiteren Weg mehr an den Dickungsrand zu verlegen, und hoffte so, sie besser im Auge behalten zu können. Das gelang nur ein kleines Stückchen, dann bog sie wieder ins Innere ab. Hatte sie nun in dieser Undurchdringlichkeit ihre Jungen versteckt oder gar erst in der übernächsten Dickung?

Ein Stück weiter trennte ein schmaler Waldweg diese beiden Nadelwaldbestände. Ich eilte voraus, um festzustellen, ob sie in diesem Dickungsteil verblieb oder auf dem Weg zum nächsten den Waldweg überqueren würde. Wenige Augenblicke später kam Feline vor mir von rechts über den Weg und verschwand links im Unterholz. Erneut folgte ich ihr, verlor sie aber bereits kurz darauf wieder aus den Augen. In der Mitte dieses Dickungskomplexes befanden sich einige unterschiedlich große, freie Stellen, aber auch hier fand ich keine Anzeichen eines Fuchsbaues. So schwand auch das letzte Fünkchen Hoffnung. Nachdem ich dann in den Altfichten auf

Das Gesicht, die Augen und das deformierte, rechte
Ohr kamen mit bekannt vor – Ja, es war Paulinchen!

der Vorderseite des Jungbestandes einige der dort vorhandenen Wurzelteller untersucht hatte, durchquerte ich nochmals diesen Abschnitt, um die rückwärtige Seite zu inspizieren. Bald aber gab ich die weitere Sucherei auf. Mir blieb als letzte Chance wiederum nur noch das Warten.

Aber diesmal brauchte es nur etwa acht bis zehn Minuten, dann stand Feline wie zufällig wieder neben mir. Da sie von hinten kam, bemerkte ich sie erst, als sie unmittelbar neben mir stand. Ich war erleichtert, denn hier war der Wald längst nicht so dicht. Auf einer relativ freien Fläche zwischen den Jungfichten und den benachbarten älteren Buchen und Lärchen war die Sicht wesentlich freier und nur durch altes, trockenes Adlerfarngestrüpp, einzeln stehende, kleine Fichten und herumliegendes Astwerk behindert. Dazwischen war der steinige Waldboden streckenweise von Wildschweinen stark durchwühlt und erschwerte das Vorwärtskommen. Feline aber trabte ungehindert hindurch, und ich folgte ihr so gut es ging. Hin und wieder blieb ich stehen, sprach zu ihr und veranlasste sie so, ebenfalls kurz zu verweilen. Dadurch konnte ich mit Erfolg verhindern, dass der Abstand zwischen uns zu groß wurde und ich Feline wieder aus den Augen verlor.

Nach einer längeren Strecke blieb sie wie unschlüssig stehen. Ich ging zu ihr und gab ihr als Belohnung für diese weite Distanz, die sie mich geleitet hatte, einige kleine Leckerbissen. Vielleicht würde ich damit dem entscheidenden Ziel näher kommen. Feline trug diese Bröckchen ein kurzes Stück zwischen die Altbäume und verbuddelte sie in einer Erdmulde. Nun war mir klar, dass ich nicht mehr weit vom Bau entfernt sein konnte. Ich folgte Feline nun auf Schritt und Tritt, aber sie ging scheinbar ziellos mal hier und mal dorthin.

Paulinchen auf Klettertour

Die neue Burg

Plötzlich sah ich den so sehr erhofften Wurzelteller, nur wenig entfernt, vor mir. Ja, das konnte Felines Versteck sein. Und so war es auch tatsächlich. Feline trabte herzu und verschwand dann auf der Rückseite des Wurzelstocks. Ich ging näher heran und bemerkte, dass neben einem kleinen Loch auf der Vorderseite die Erde ziemlich festgetreten war. Das mussten die Welpen gewesen sein, denn dieser Baueingang war für Feline zu eng.

Unverhofft erschien in dieser Öffnung ein winziges, graubraunes Füchslein mit noch blauen Augen, schaute einen Augenblick erstaunt auf meine Stiefel und verschwand flugs wieder im Bau. Nun war ich am Ziel meiner Wünsche und außerordentlich erfreut. Ohne die ausdauernde Hilfe von Feline hätte ich diesen abgelegenen Bau wohl nie gefunden.

Diese Stelle war geradezu ideal für ein Fuchsversteck. Es befand sich unter dem großen Windwurfteller einer vom Sturm geworfenen Lärche. Sie hatte während des Sturzes einen weiteren, nahe bei ihr stehenden Lärchenstamm mit sich gerissen. Auf der Rückseite des Wurzeltellers war neben dem Stamm links und rechts je ein Höhleneingang.

Plötzlich sah ich den erhofften Wurzelteller. Drei Füchslein erschienen in einer Öffnung auf der Vorderseite, Feline schaute durch ein Loch im Wurzelwerk.

Feline lief auf dem Weg zum Bau entweder um den Wurzelstock herum oder kletterte seitwärts daran empor und sprang auf der Rückseite hinunter. Öfters stand sie hier auf dem Wurzelanlauf des Stammes und schaute durch ein Loch im Wurzelwerk, das durch das Herausfallen der Erde zwischen den Wurzeln entstanden war. So konnte sie von dieser wunderbaren Aussichtsplattform die vor ihr liegende Freifläche hervorragend überblicken, ohne selbst gesehen zu werden.

Auf der Rückseite der Burg sah ich kurz darauf einen weiteren Welpen, vielleicht war es aber auch derselbe wie vorhin. Es waren aber auf jeden Fall die ersten Begegnungen mit den jetzt fünf Wochen alten Kindern von Feline.

Als ich mich zurückzog, stand Feline auf ihrem Aussichtsplatz und schaute mir nach. Ich sah nur ihren Kopf im Durchblick zwischen dem Wurzelwerk.

Auf dem Weg zurück gingen mir viele Gedanken durch den Kopf. Die Entfernung vom Treffpunkt bis zum Bau betrug schätzungsweise einen knappen Kilometer Luftlinie. Mit den durch das unwegsame Gelände und durch die Suche bedingten Umwegen also eine Entfernung von weit über einen Kilometer, die mich Feline mit Ausdauer und Geduld geleitet hatte.

Eine beachtliche und für einen Fuchs außergewöhnliche Leistung von Feline. Weit über eine Stunde, einschließlich der mehrmaligen Wartezeit auf Feline, hatte ich für diese Entfernung benötigt.

Dieses Ereignis beweist auch, dass die ähnliche, aber nicht ganz so aufwendige Führung durch Feline zu ihrem Bau vor drei Jahren nicht eine einzelne, mehr oder weniger zufällige, sondern wohl doch eine gezielt durchgeführte Handlung war. Die erschwerten Bedingungen lagen eigentlich nur in meiner Person mit ihrem, für Füchse wohl nur schwer erfassbaren, Sinnes- und Leistungsdefizit.

Als ich mich abends nochmals zum Bau begab, erschien kurz darauf auch Feline. Wie auf ein Kommando kamen drei quirlige Füchslein hervorgepurzelt, drängelten sich wimmernd an Feline und begannen sofort zu saugen. Waren die Kleinen satt, spielten sie entweder miteinander, erkundeten die allernächste Umgebung des Baus oder zogen sich zum Schlafen zurück. Diesen Ablauf konnte ich in der folgenden Zeit häufiger beobachten.

Mir gegenüber waren die Füchslein, in diesem Jahr waren es drei, anfangs äußerst scheu. Sie flüchteten – auch in Anwesenheit von Feline – bei jeder unvorsichtigen Bewegung oder bei jedem ungewohnten

Ein winziges graubraunes Füchslein mit noch blauen Augen schaute erstaunt auf meinen Stiefel und verschwand flugs wieder im Bau.

Geräusch sofort in ihren Bau. Feline legte sich häufig in meine Nähe, um zu schlafen, wobei sie jedoch ihren Ruheplatz öfters mal wechselte. Manchmal ging sie auch auf Beutejagd und ließ mich am Bau zurück. Anfangs blieben ihre Welpen dann aber im Bau. Sie kamen in diesem Altersstadium nur hervor, wenn sie bemerkten, dass Feline in der Nähe war oder sie lockte.

So erlebte ich auch an diesem Bau immer wieder interessante und auch lustige Szenen aus dem Leben einer Fuchsfamilie. Nur den Rüden, den Vater von Felines Kindern, habe ich hier nie gesehen.

Erneuter Umzug

Etwa drei Wochen nachdem Feline mich erstmals zu ihrem neuen Bau geführt hatte, verließ sie mit ihren Jungen diese doch augenscheinlich so ideale Burg. Es dauerte mehrere Tage, bis ich die Jungfüchse – natürlich wiederum mit Felines Hilfe – erneut aufspüren konnte.

Etwa auf halbem Wege zwischen dem Wurfbau und unserem Treffpunkt hatte Feline ihre Welpen in einem alten, zusammengefallenen Wurzelstock innerhalb einer anderen Fichtendickung untergebracht.

Allerdings waren es jetzt nur noch zwei Jungfüchse. Möglicherweise war der dritte während des Umzuges unterwegs verloren gegangen oder bereits vorher gestorben. War der Wurfbau wegen zu hoher Feuchtigkeit vielleicht ungeeignet gewesen?

Während einer der beiden Welpen sehr vorsichtig blieb und sich nur selten einmal am Dickungsrand sehen ließ, wurde der andere wesentlich vertrauter. Auch wenn Feline nicht zugegen war, kam er öfters aus dem Dickicht heraus ins Freie. Ich stellte bald fest, dass es sich um eine kleine Fähe handelte und nannte sie Foxi. Da das Geschwisterchen sich während meiner Anwesenheit nicht heraustraute, spielte sie dann für gewöhnlich allein mit herumliegenden Aststückchen oder versuchte, Insekten zu fangen.

Kam Feline hinzu, so drängte sich die Kleine an sie heran und bettelte um Fellpflege oder trank

Der einzige Welpe von dem Wurf, der den Sommer überlebte, war Foxi. Feline versuchte öfter in Anwesenheit ihrer Tochter zu ruhen, was ihr nur unvollkommen gelang.

ausgiebig und laut schmatzend. Feline streckte sich dabei häufig lang am Boden aus und versuchte zu ruhen, was ihr aber nur unvollkommen gelang. Anschließend zogen sich beide – insbesondere während der heißen Tageszeit – zurück, um getrennt voneinander im Schatten unter Fichtenzweigen zu ruhen. Hin und wieder gesellte sich Foxi dann zu Feline, um zu schmusen, stieß aber zumeist auf wenig Gegenliebe und legte sich wieder abseits nieder oder verschwand im Dickicht.

So ging der Sommer dahin, und Foxi und ihr Geschwisterchen – letzteres habe ich auch weiterhin nur selten zu Gesicht bekommen – wuchsen heran. Im Herbst und im folgenden Winter sah ich jedoch nur noch Foxi und natürlich Feline. Wohl weil Foxi sich immer seltener blicken ließ, führte das zu einer gewissen Entfremdung mir gegenüber. Die räumliche Distanz wurde fast bei jeder Begegnung größer, schmolz jedoch im Winter wieder bis auf wenige Meter.

Gelegentlich beobachtete ich während der jetzt einsetzenden Ranzzeit außer Feline und Foxi mal den einen oder anderen Fuchs – meist in der Dämmerung – ohne sie aber genauer zuordnen zu können. Möglicherweise handelte es sich um Rüden.

Im Winter sah ich Foxi bewusst zum letzten Mal.

Ende Februar, Anfang März wurde es immer offensichtlicher, dass Feline wieder tragend war. Wo mochte sie dieses Jahr ihren Bau haben?

In diesem Jahr wurde Feline fünf Jahre alt, für einen freilebenden Fuchs schon ein beachtliches Alter. Viel hatte sie erlebt in dieser Zeit. In drei Jahren hatte sie Junge zur Welt gebracht und zwischenzeit-

Foxi wuchs zu einer ansehnlichen Fähe heran.

lich vieles an – zum Teil schweren – Verletzungen und Krankheiten durch gestanden. Sollte sie auch in diesem Jahr Junge bekommen, wäre das insgesamt das vierte Mal. Am 1. April war es dann soweit, Feline hatte Junge bekommen. Zwei Tage blieb sie verschwunden, am Abend des dritten Tages sah ich sie wieder. Wenig später war ich sicher. Feline war schlanker geworden und ihr Gesäuge angeschwollen. Dieses Mal fand ich ihren Bau schon recht bald. Ich beobachtete, dass sie öfter aus der Richtung einer größeren Freifläche kam. Hier waren die Altfichten vor einigen Jahren durch einen starken Sturm geworfen worden. Einzeln und in lockeren Gruppen waren bereits wieder Jungfichten herangewachsen, dazwischen lagen die Wurzelstöcke der vom Sturm gefällten Bäume. In einem der größeren hatte Feline ihren diesjährigen Bau angelegt. Eigenartigerweise hatte sie diesen Wurzelteller ausgewählt, obwohl er nur etwa 25 Meter neben einem, gerade jetzt im Frühjahr durch Spaziergänger oft begangenen und durch Forstarbeiter befahrenen, Waldweg lag; auch die Autostraße führte in der Nähe vorbei. Ein recht gefährlicher Ort also für die heranwachsenden Fuchswelpen. Ich machte mir schon Sorgen. Doch die waren – wie sich später herausstellte – unnötig.

Die relativ schmale offene Fläche zwischen Bau und Waldweg war außer mit verschiedenen Gräsern und Binsen nur noch mit einigen kleineren Fichten und Birken bewachsen, die sich zwischen einzelnen morastigen Tümpeln angesiedelt hatten. Möglicherweise hätte der recht offen daliegende Wurzelteller die Neugier von Waldbesuchern geweckt, wenn sie dort die spielenden Welpen zufällig entdeckt hätten. Um dieses und dadurch auch direkte Störungen am Bau zu verhindern, begann ich, herumliegende Kronenspitzen und Äste der aufgearbeiteten Fichten zusammenzuschleppen und zu einem Schutzwall aufzubauen. Da ich das zum Teil bereits dürre, aber trotzdem noch sehr dichte Zweigmaterial oft aus größerer Entfernung herbeiziehen und tragen musste, brauchte ich dazu einige Stunden, verteilt auf mehrere Tage.

Aber es kam ganz anders, als ich gedacht hatte.

Die Welpen waren gerade fünf Wochen alt und schauten – noch ziemlich wackelig auf den Beinen – zum ersten Mal aus dem Baueingang, als Feline handelte.

Im sich

In süßer Ruh. Drei Wochen alte

„Bitteschön, pass Du auf die Kinder auf!" – Feline ließ mich häufig am Bau mit ihren Welpen allein.

„Das kann ich auch schon!" ...

Ortsveränderung

Wie so oft hatte ich mich eben in unmittelbarer Nähe des Baus angesetzt, um mich von der Plackerei beim Einrichten des Sichtschutzes zu erholen, als Feline von rückwärts herantrabte, kurz bei mir verweilte und dann im Bau verschwand. Ich nahm an, dass sie ihre Jungen wie üblich säugen wollte. Da der Bau aufgrund der geringen Tiefe des Wurzelstocks nicht sehr weit hineinführte, hatte ich die Welpen bereits im Alter von drei Wochen von außen sehen können und festgestellt, dass es sich um sechs Füchslein handelte. Häufig lag ihre Mutter zusammengerollt ruhend dabei, die Welpen kuschelten sich wärmesuchend oder saugend an ihre Bauchseite. Feline duldete ohne weiteres meine Neugier, hin und wieder ruhig zu mir aufschauend.

Doch an diesem Tag erschien sie nach wenigen Augenblicken wieder im Höhleneingang und trug – zu meiner nicht geringen Überraschung – einen ihrer Welpen in der Schnauze. Sie legte ihn kurz noch mal ab um ihn besser in den Griff zu bekommen. Nach einigem Drehen und erneutem Zufassen hatte sie ihre Bürde zurechtgelegt, nahm sie wieder hoch und trabte damit nahe an mir vorüber.

Ich schaute verdutzt hinter ihr her, nach etwa 150 Metern verschwand sie mit ihrem gewiss nicht leichten Bündel im dichten Fichtenstangenholz.

Nach zehn bis zwölf Minuten war sie zurück. Das gleiche Schauspiel wiederholte sich noch viermal, also hatte sie bereits einen Welpen fort getragen, als ich noch nicht anwesend war.

Nachdem Feline das letzte Füchslein transportiert hatte, kehrte sie nochmals zurück, verschwand erneut im Bau und kam nach einem Weilchen wieder hervor. Sie schien nachgeschaut zu haben, ob sie auch nicht eines ihrer Kinder vergessen hatte.

Jetzt wurde mir bewusst, dass die ganze Arbeit mit dem Reisigwall vergeblich war, aber die Handlungsweise von Feline war mit Sicherheit die bessere Lösung.

Die Gründe für den Abtransport der Welpen mögen wohl in erster Linie die im Frühjahr immer belebter werdenden Wege und Straßen in Baunähe sowie eine gewisse Verschmutzung des ziemlich kleinen Wurfbaus gewesen sein. Fähen verlassen öfters mit ihren Welpen den Wurfbau, wenn er verschmutzt ist.

„Füchsischer Kindertransport".

Suchen und finden

Als Feline nach ihrem letzten Besuch forttrabte, folgte ich ihr, um zu sehen, wo sie ihre Jungen hingebracht hatte. Aber bald hatte ich sie im Fichtendickicht verloren.

Am nächsten Vormittag begann ich die Suche dort, wo ich sie am Vortag abgebrochen hatte. Feline war auch bald zugegen, wahrscheinlich hatte sie mich bereits gehört. Ich bummelte mit ihr durch den Wald, in der Hoffnung, bald vor ihrem neuen Bau zu stehen. Für mich – und natürlich auch für Feline – war das ja schon nichts Neues mehr.

Nach mehrmaligen Quer- und Widergängen über eine große Strecke blieb Feline in der Nähe eines alten Fichtenstubbens und den Resten einer abgestorbenen Huteeiche stehen. Dann sah ich vor dem Stubben einen kleinen Hügel frisch ausgescharrter Erde. Hier legte sich Feline zum Ruhen lang gestreckt in die Sonne. Jetzt wusste ich Bescheid.

Kurz darauf erschienen Felines Welpen vor dem neuen Unterschlupf, von da an war es mit der Ruhe für Feline vorbei. Einige versuchten bei der Mutter zu saugen, die anderen spielten – noch sehr tapsig

Feline genießt die Ruhe, aber wie lange noch?

Sechs Welpen waren es in diesem Jahr – eine hungrige Gesellschaft.

„Hör genau zu!"

und unbeholfen – miteinander. Zwei der Welpen krabbelten auf Feline hinauf um gleich darauf auch schon wieder hinabzupurzeln. Es war ein überaus drolliger Anblick.

Alle sechs Welpen hatten den Transport – wohl knapp einen halben Kilometer – offensichtlich gut überstanden. Doch bereits nach wenigen Tagen war dieser Ausweichbau wieder verlassen und Feline mit ihrem Nachwuchs nochmals umgezogen. Nun begann die übliche Sucherei von neuem. Diesmal dauerte es über drei Tage bis ich den nächsten Bau gefunden hatte. Und natürlich wiederum nur mit Felines Hilfe. Die Eingänge zum Bau lagen zwischen dem verrotteten Wurzelwerk einiger längst gefällter Fichten und war bereits wieder von jüngeren Fichten dicht überwachsen. Eine kleinere Lichtung inmitten des Bestandes bot den Füchsen bei sonnigem Wetter reichlich Licht und Wärme.

Rund drei Wochen lang verblieb Feline mit ihren Jungen an diesem Bau, aber deren Zahl hatte sich mittlerweile auf vier verringert.

Anschließend zogen sie nochmals um, aus unerfindlichen Gründen wieder in den zuletzt nur wenige Tage genutzten Bau an den Resten der alten Huteeiche. Hier konnte ich ihnen bis in den Hochsommer hinein täglich bei ihrem Treiben zusehen.

An ihrem übermütigen Herumtoben und Spielen hatte ich täglich meine Freude. Oft war Feline zugegen. Häufig genug ließ sie mich jedoch auch allein bei den Welpen am Bau zurück und ging auf Beutesuche. Dem ausgelassenen Spiel der drolligen Fuchskinder zuzuschauen, während ringsumher ein vielstimmiges Vogelkonzert den beginnenden Frühlingsabend verzaubert, war immer ein kurzweiliges Naturerlebnis. Unter all meinen Tierbeobachtungen gehören jene am Fuchsbau zu den schönsten und eindruckvollsten.

Nach und nach löste sich der Familienverband auf, die letzten Jungfüchse sah ich im Herbst. Aber auch zu dieser Zeit waren sie mir gegenüber noch sehr vertraut.

Oben links und rechts: Die *Welpen beim spannenden „Burgspiel".*
Unten: *Birk, Arco und Cora stehen Schlange zur morgendlichen Körperpflege.*

102

Spiel- und Ruhephasen

Wohnungswechsel

Das Jahr 1995 neigte sich dem Ende entgegen und unser lange geplanter Umzug stand bevor. Unser neues Heim lag nun rund 80 Kilometer vom Reinhardswald entfernt. Das bedeutete, dass ich Feline natürlich längst nicht mehr so häufig wie bisher besuchen konnte. Dennoch wollte und konnte ich die freundschaftlichen Kontakte zu ihr nicht aufgeben. Es wäre mir wie ein Vertrauensbruch vorgekommen, und natürlich hätte ich gegenüber Feline ein schlechtes Gewissen bekommen. Ich fuhr jetzt nur noch durchschnittlich einmal je Woche zum Reinhardswald, in Ausnahmefällen – wenn hinsichtlich Feline irgendwelche Ungewissheit bestand oder mir ihr Verhalten Rätsel aufgegeben hatte – auch ein- oder zweimal mehr. So gelang es mir dennoch, den besonderen Kontakt zu Feline aufrecht zu erhalten. Und obwohl ich nun seltener kam, blieb Felines Vertrauen mir gegenüber nach wie vor erhalten. Auch im Winter bei Schnee und Eis erschien sie regelmäßig, wenn sie meine Anwesenheit bemerkte.

Beginnende Zahnprobleme bei Feline.

Wiederum gegen Ende März des folgenden Jahres bekam Feline zwei oder drei Welpen. Ihren Bau in einem mit tiefen Gräben durchzogenem Fichtendickicht fand ich trotz aufwändiger Sucherei diesmal nicht. Auch Felines Versuche, mir Hilfestellung zu gewähren, nutzte nichts, denn es gelang mir nicht, diesen sehr dichten Fichtenaufwuchs an den steilen Grabenböschungen zu durchdringen. Feline schlüpfte leicht unter den untersten Zweigen hindurch und war dann für mich unsichtbar.

Um trotzdem Felines Geheimnis zu lüften, setzte ich mich am Rand der Dickung unter den mächtigen Altbuchen an. Feline fand mich natürlich auch dort. Als die Welpen bereits einige Wochen alt waren, brachte sie die auch öfters mit. Auch sie wurden mir gegenüber so nach und nach etwas vertrauter, aber bereits im Frühjahr war nur noch einer zugegen. Dieser, ein recht dunkler Rüde, wurde wiederum sehr vertraut.

Zu dieser Zeit bekamen wir Besuch aus Spanien. Natürlich wurde auch über Füchse gesprochen und mir erklärt, dass Fuchs auf Spanisch „Zorro" heißt. So entschloss ich mich, den jungen Rüden Zorro zu nennen. Mit seinem sich vergrößerndem Aktionsradius im Sommer ging die Verbindung zu ihm so langsam verloren.

Feline hatte sich im Herbst eine auffallend dicke Beule oberhalb des rechten Auges zugezogen, das Fell war dort an zwei Stellen abgeschürft. Der Grund für diese Verletzung war nicht erkennbar. Ende des Jahres, Feline war jetzt schon über sechseinhalb Jahre alt, stellte ich fest, dass sich ihr unterer rechter Reißzahn stark dunkel verfärbt hatte. War dies bereits ein deutlicher Hinweis auf ihr fortgeschrittenes Alter?

Im folgenden Jahr 1997, bekam Feline erst recht spät am 9. oder 10. April Junge. Das war auch am Gesäuge deutlich zu erkennen. Natürlich wartete ich hoffnungsvoll etwa Mitte Mai ihre Welpen zu Gesicht zu bekommen.

Eichhörnchen lassen sich verdammt schwer fangen ...

Feline in Gefahr

An einem sonnigen Morgen Anfang Mai saß ich im Buchen-Altholz und schaute zu Feline hinüber, die nicht weit entfernt auf einem Baumstubben in der Sonne schlief. Zwischen dem Buchen-Altholz und dem angrenzenden Fichtenbestand lag eine schmale mit einer locker am Boden liegenden trockenen Adlerfarnschicht bedeckten Freifläche, die nur noch mit vereinzelten Jungfichten unterschiedlicher Größe bestanden war.

Hinter mir im Altholz trommelte der Schwarzspecht und in den jungen Fichten gegenüber ließ ein Rotkehlchen sein perlendes Liedchen ertönen. Aus etwas größerer Entfernung war das anhaltende Gurren einer Turteltaube zu vernehmen. Mit lebhaftem Gesang vervollständigten mehrere Buchfinkenmännchen das Frühlingskonzert. Das junge Buchenlaub verströmte seinen angenehmen frischen Duft, ein Zitronenfalter taumelte zwischen den Buchenstämmen durch das flirrende Sonnenlicht.

Als Feline gerade die Frühlingssonne genoss ...

Im Wald hatte eine wundervolle Frühlingsstimmung Einzug gehalten.

Plötzlich hob Feline ihren Kopf und sicherte aufmerksam in Richtung der Fichten. Einen Augenblick später stand sie mit einem Ruck auf, ihre Körperhaltung war sehr angespannt immer zur Dickung hin ausgerichtet. Was mochte ihre Aufmerksamkeit erregt haben? Ich konnte dort nichts Auffälliges bemerken. Nach einer Weile war das Grunzen und Schnauben von Wildsauen zu vernehmen, dazwischen das lärmende Quieken von Frischlingen. Noch konnte ich von der borstigen Gesellschaft nichts sehen, der schwache Wind kam halbwegs aus deren Richtung. Unvermittelt schwankten die Zweige am Rand der Fichten, dann schob sich eine starke Bache aus dem Dickicht. Kurz darauf wuselten acht oder neun niedlich gestreifte Frischlinge um sie herum. Die quicklebendige Kinderschar suchte aufgeregt im Laub und Waldboden nach Fressbarem, dabei stritten sie sich schubsend und knuffend um die vermeintlich besseren Leckerbissen. Das geschah unter lebhaftem Murren und Quieken. Sichernd blieb die Bache ein Weilchen, halbwegs in Deckung einiger Jungfichten, stehen. Aus den Fichten folgten nun noch zwei halbwüchsige Sauen, so genannte Überläufer. Feline war mittlerweile hastig vom Stubben gesprungen. Dieses hatte die Bache wohl wahrgenommen und stürmte wütend und laut blasend mit gesträubten Borsten auf die Füchsin zu. Feline stutzte nur einen Augenblick und ergriff dann angesichts des wütenden schwarzen Ungetüms eiligst die Flucht und war wie der Blitz in den Fichten untergetaucht. Die Bache, die sicherlich in Sorge um ihren noch winzigen Nachwuchs war, folgte Feline nur noch wenige Sprünge und drehte dann ab. Auch sie verschwand jetzt sehr eilig im bergenden Fichtendickicht, gefolgt von ihrem Anhang. Dieser Vorfall macht deutlich, wie außergewöhnlich scharf die Sinne eines Wildtieres entwickelt sind, auch wenn es sich in scheinbar tiefem Schlaf befindet.

Felines Welpen, es waren möglicherweise auch nur ein oder zwei, bekam ich in diesem Jahr leider nicht zu Gesicht. Noch bevor ich Feline, so wie üblich, Anfang bis Mitte Mai zum Bau folgen konnte, bemerkte ich sehr verwundert, dass sich ihr Gesäuge zu dieser Zeit bereits wieder zurückbildete. Da sie offensichtlich auch keine Welpen zu versorgen hatte, war klar, dass ihr Nachwuchs schon frühzeitig verstorben sein musste. So hatte sich die Bausuche erübrigt.

Im Jahr darauf blieb Feline von Januar bis Mitte März verschwunden. Zweieinhalb Monate sind eine sehr lange Zeit, ich machte mir bereits Sorgen, dass Feline nicht mehr am Leben wäre. Trotzdem unternahm ich immer wieder die gut einstündige Fahrt in den winterlichen Reinhardswald, um hoffentlich noch Gewissheit über Felines Existenz zu bekommen. Und siehe da, am 18. März kam Feline scheinbar unbekümmert aus einer Dickung zu mir und war so zutraulich wie eh und je. Natürlich war meine Freude groß. Kein Anzeichen konnte ihre lange Abwesenheit erklären, aber die Hauptsache, sie lebte noch!

Eine weniger gute Feststellung blieb mir aber auch in diesem Frühjahr nicht erspart, Feline bekam keine Welpen! War das lange Ausbleiben im Winter die Ursache, oder war bereits das vergleichsweise hohe Alter Felines mit acht Jahren ausschlaggebend?

... kam eine starke Bache mit ihren Frischlingen aus dem Dickicht.

Keilerei im Winterwald

Anfang des Jahres 1999 erlebte ich nebenbei am Rande einer Dickung die auch im Winter stattfindende „Rauschzeit", die Paarungszeit des Schwarzwildes. Dort waren wohl mehrere Keiler oder Bachen aneinander geraten und lautstarkes bedrohliches Grunzen und Quieken ließ sich hören.

So gut wie möglich verbarg ich mich hinter einer einzelnen starken Fichte, die Dickung lag nur etwa 20 bis 30 Meter entfernt. Nach einiger Zeit kamen zwei junge Keiler recht eilig aus der Dickung und verschwanden in den benachbarten Altfichten. Der tierische Lärm ließ daraufhin nach, es wurde still. Doch es dauerte nicht lange als aus der Richtung, die die beiden Keiler eingeschlagen hatten, ein sehr starker alter Keiler durch den tiefen Schnee heraneilte. Obwohl er nur knapp zehn Meter an mir vorbeitrabte, bemerkte er mich hinter dem Baum nicht. Er war sehr erregt, die Nackenborsten, den so genannten Kamm hoch aufgerichtet und mit seinen mächtigen Waffen, den Eckzähnen, laut und bedrohlich wetzend und klappernd, verschwand er in den dichten Jungfichten. Nun wurde es darin nochmals laut, sehr laut! Kurz danach trat absolute Stille ein. Dieser starke Keiler hatte wohl allen anderen Schwarzkitteln gezeigt, wer hier der uneingeschränkte „Herr im Hause" war.

Zu Feline bestand weiterhin die vertrauensvolle Beziehung. Das verhältnismäßig hohe Alter von neun Jahren war ihr natürlich bereits anzumerken. Ihr Fell sah nicht mehr so seidigglänzend aus wie einst zuvor, auch war ihre Fortbewegung etwas ruhiger und träger geworden. Trotzdem, am 26. oder 27. März bekam sie wieder Nachwuchs. Natürlich drängten sich wieder die Fragen auf: Wie viel Welpen mochten es in diesem Jahr sein und wo mag sie ihren Bau haben? Nun hieß es wieder einmal sich zu gedulden. Anfang Mai, wenn die Welpen zum ersten Mal vor dem Bau zu erwarten sind, wollte ich Feline wieder auf dem Weg zu ihren Jungen folgen. Ich hatte es längst aufgegeben, allein in den großen Dickungskomplexen ihren Unterschlupf zu suchen. Wo hätte ich auch suchen sollen? In welcher Richtung, in welcher Entfernung? Ist der Bau in einem neuen Wurzelteller, in der Grabenböschung eines kleinen Baches, unter einem Reisighaufen, unter den Resten

Erfasste sie möglicherweise nicht doch den Sinn meiner Worte?

alter Huteeichen oder unter einem der großen, teilweise verrotteten Baumstubben? Wer kennt schon die Gedankengänge eines Fuchses? Es gab zahlreiche Möglichkeiten und letzten Endes hätte ich wohl wieder mit viel Zeitaufwand vergeblich gesucht.

Diese Dickungskomplexe bestehen aus zum Teil lückenhaftem, überwiegend aber sehr dichtem, etwa doppelmannshohem Fichtenbewuchs. In diesem manchmal undurchdringlichen Gewirr von Stämmen und sperrigen Ästen finden sich hin und wieder kleine Durchlässe, es sind Wildwechsel, die von mir oft nur in gebückter Haltung zu passieren waren. Vor einigen Jahren sind in Abständen von mehreren Metern von den Waldarbeitern Einzelreihen der Jungfichten geschlagen worden. Diese schwachen gefällten Fichtenstämme verblieben dort und behindern mit ihren trockenen sperrigen Kronenästen oft das Vorwärtskommen. Das Astmaterial am Boden sowie Reste alter Buchen- und Eichenstämme bilden eine ständige Stolpergefahr. Häufig sind sie zudem von einem sehr glitschigen Belag aus Moosen und Flechten überwachsen. Dort wo der Fichtenbe-

wuchs fehlt oder lückig ist, befinden sich vielfach Wasserlöcher und sumpfige Stellen. Oft kann man diese morastigen Bereiche nur von einer zur anderen Gras- bzw. Binsenbülte springend queren, aber manchmal tritt man auch daneben oder muss sie ausreichend umgehen! Häufig haben sich am Rande des Fichtenbewuchses Brombeersträucher mit ihren dornigen Ranken ausgedehnt und bilden regelrechte Stolperfallen. Hier hat sich auch verschiedentlich Birkenaufwuchs breit gemacht, und vereinzelt ebenso ein paar junge Ebereschen.

Einige wenige gras- und binsenbewachsene Schneisen durchziehen in unterschiedlicher Richtung die Dickungskomplexe. Überwinterte Reste mehr oder weniger großer Adlerfarnstreifen entlang der Schneisenränder liegen jetzt, Anfang Mai, als trockenes, braunes Gestrüpp am Boden. Einige schmale, aber bis zu mehreren Metern tiefe Bachrinnen, haben sich in den Waldboden eingegraben, führen aber in trockenen Sommern nicht dauerhaft Wasser. Ein geschotterter Waldweg schneidet dieses Waldgebiet in zwei ungleich große Teilbereiche.

Während der gemeinsamen Bausuche machte sie Pausen und putzte ausgiebig ihr Fell.

Den 3. Mai 1999 hatte ich für eine Bausuche eingeplant. Als ich mich am frühen Vormittag zum Besuch bei Feline aufmachte, nahm ich meinen klappbaren Sitzhocker mit, da ich mit einer zeitlich längeren Aktion rechnete. Schließlich wollte ich Feline zu ihrem diesjährigen Bau begleiten, in der Hoffnung, dass sie mich, wie in vielen Jahren vorher, dabei auch wohlwollend duldete. Oder gar leitete?!

Es war kurz vor 9:00 Uhr, als ich mich an den Altbuchen gegenüber der Fichtendickung ansetzte. In der Sonne war es recht warm, zwischen den Buchenstämmen schwirrten einige Nagelfleckfalter in rastlosem Flug hin und her.

Meine Kamera ließ ich bei den Bausuchen grundsätzlich zu Hause, denn bei diesen Streifzügen durch das unwegsame Gelände waren Beschädigungen durch dürres Geäst oder gar Stürze nicht auszuschließen.

Wenige Minuten später erschien Feline vorsichtig am Dickungsrand und lugte unter den tief herabhängenden Fichtenzweigen zu mir herüber. Nachdem ich sie beim Namen nannte und ihr ein paar beruhigende, aber auch aufmunternde Worte zurief, trabte sie herbei. Etwa drei kleine Schritte, etwas seitwärts von mir, blieb sie stehen und sah mich an. Obwohl ich wusste, dass sie mich nicht verstehen konnte, fragte ich sie nach ihrem Befinden und dem ihrer Kinder. Oder erfasste sie möglicherweise nicht doch den Sinn meiner Worte? Wer mag das zu beurteilen? Jedenfalls schaute sie mir, während ich sprach, fest und scheinbar verstehend in die Augen.

Nach einem kleinen Weilchen legte sie sich ein paar Schritte seitwärts von mir in das Gras. Bald danach begann sie mit der Fellpflege. Mit den Schneidezähnen durchknabberte sie ihr Fell an den Flanken und Vorderbeinen auf der Suche nach Plagegeistern im dichten Pelz. Hin und wieder leckte sie ihr Fell – besonders an den Vorderbeinen – ausgiebig putzend. Manchmal kratzte sie sich – unter sehr gelenkigen Verrenkungen – mit den Hinterpfoten am Rücken oder am Kopf. Dann gönnte sie sich eine kleine Ruhepause, zeitweise mit geschlossenen Augen und tief atmend.

Durch dick und dünn

Nach knapp zehn Minuten stand sie auf, schaute zu mir herüber und trabte nicht allzuschnell zur Dickung. Ich klappte meinen Hocker zusammen und folgte ihr. Feline kannte das, es schien, dass sie das für die normalste Sache der Welt hielt. Unser Weg, der keiner war, führte erst am Rand der Dickung entlang, einmal außen, wo der Altbuchenbestand angrenzt, ein andermal bis einige Meter innerhalb durch pieksendes Nadelgezweig und sperriges Astgewirr. Verschiedentlich verlor ich Feline vorübergehend aus den Augen. Nach einigem Herumsuchen fand ich sie in der Nähe wieder. Manchmal aber sah ich sie nicht oder erst recht spät, obwohl sie nur wenige Meter entfernt stehen geblieben war.

Anhand der Geräusche, die ich beim Durchdringen dieser Wildnis verursachte, wusste Feline aber immer, wo ich mich gerade befand. Um sie – wenn ich einmal einige Meter relativ lautlos vorwärts kam – nicht zu erschrecken, sprach ich häufig einige Worte, um ihr meinen jeweiligen Standort mitzuteilen.

Unser Weg führte keineswegs in eine bestimmte, von mir erhoffte Richtung, an dessen Ende ich Felines Bau erwartete. In unterschiedlichen Bögen durchquerten wir unwirtliche Dickungsteile mit eingesprengten morastigen Stellen. Nach einiger Zeit verhielt Feline, trottete ein paar Schritte hin und her und legte sich zu einem Päuschen nieder. Sie hatte sich jetzt ein sonniges Plätzchen am Rand einer kleineren Freifläche ausgewählt. Nun gut, auch mir war es sehr recht eine kleine Pause einzulegen. Mein Hocker, der mich beim Gehen doch etwas behinderte, war im Nu aufgeklappt und ich ließ mich in unmittelbarer Nähe von Feline nieder. Sie hob nur kurz den Kopf und schloss dann, die Sonnenstrahlen genießend, wieder die Augen.

Zwischendurch ein kurzes Nickerchen ...

Auch ich hatte anfangs die Sonnenstrahlen genossen, doch schon bald wurde es für diese Frühlingszeit recht heiß. Nach einiger Zeit setzte ich mich seitlich in den Baumschatten, hier war es erträglicher. Aber auch Feline wurde es etwas später zu warm, und sie suchte sich ein schattiges Plätzchen unter den Fichtenzweigen, nur wenige Meter von mir entfernt.

Zwei oder drei Buchfinkmännchen schmetterten ihren ausdrucksvollen Frühlingsgesang in den Fichten. Vom Buchenaltholz herüber war das dumpfe „ruhgu, gugu" eines balzenden Ringeltaubers zu hören und hin und wieder das laute Trommeln eines Schwarzspechtes. Ein Rotkehlchen rundete mit seinem perlenden Gesang von der Spitze einer Fichte herab das Frühlingskonzert ab.

Die Wärme des Tages und die vielfältigen Vogelstimmen verleiteten zum Träumen. Auch mir fielen immer wieder einmal die Augen zu. Aber nur kurze Augenblicke, denn ich musste ja Feline im Auge behalten. Ihren Weitermarsch durfte ich nicht verpassen.

Nach einiger Zeit stand Feline auf, dehnte sich, gähnte und begab sich dann in eine feuchte Senke hinab. Nachdem sie aus einem Wassertümpel ausgiebig getrunken hatte, kam sie wieder die Böschung herauf und setzte sich erneut in eine Schattenpartie. Eine weitere Fellpflege schloss sich an.

Und ich hatte bereits mit dem Weitermarsch gerechnet. Doch allzu lange dauerte es nun nicht mehr, Feline brach auf und ich folgte, erwartungsvoll und sehr gespannt. Ging es nun zum ersehnten Ziel?

Wieder streiften wir kreuz und quer durch die Dickung. Manchmal fing sich Feline auf diesem Weg auf den offenen Flächen ein kleineres Beutetier um es sogleich zu verzehren. Zweimal konnte ich beob-

... und nun geht es aber weiter!

achten, dass es sich bei der Beute um je eine Wald-eidechse handelte. Mehrfach waren es Grashüpfer und einmal ein Käfer. Da dieses nur wenige Schritte vor beziehungsweise neben mir stattfand, konnte ich es genau beobachten. Natürlich fing sie hin und wieder etwas im dürren Gras das ich nicht erkennen konnte. Und einmal, als sie nur einige Meter vor-aus war, erbeutete sie mit elegantem Satz eine Maus. Auch die wurde gleich an Ort und Stelle verzehrt. Ich hat-te eigentlich erwartet, dass sie diese Beute zu ihren Jun-gen in den Bau transportie-ren würde. Denn so im Alter von etwa vier Wochen wer-den die Welpen nicht mehr nur ausschließlich gesäugt, sondern öfters auch bereits mit fester Beute versorgt.

Nach längerem Marsch, immer wieder von kurzen Pausen unterbrochen, langten wir im Bogen an einer die Dickung durchque-renden Schneise an. Auch hier legte Feline wieder eine etwas ausgedehntere Ruhepause ein. Nachdem wir die düstere Dickung hinter uns gelassen hatten, empfing uns hier wieder der helle strahlende Früh-lingstag. Feline und auch ich nahmen abermals Platz auf einem sonnigen Fleckchen, um nach einiger Zeit aber wieder in den Schatten zu wechseln. Es war wirklich ungewöhnlich heiß an diesem Maientag.

Vor einigen Jahren sah ich während eines Besuchs bei Feline einige Hirsche über diese Schneise wech-seln, erst zwei Jüngere und kurz darauf einen alten, starken Hirsch. Seitdem nannte ich diese Schneise die „Hirschschneise". Und dabei blieb es, obwohl ich später auch mehrmals eine Rotte Schwarzwild hier beobachtete.

Nach einem Weilchen suchte Feline wieder ein Wasserloch auf um daraus lange zu trinken. Noch ei-nen Augenblick stand sie unschlüssig, schaute dann zu mir herüber und trabte erneut in die Dickung hin-ein. Und ich folgte ihr wieder mit neu aufkeimender Hoff-nung.

Nach diesen mehr oder weniger langen Pausen be-stimmte immer Feline den Zeitpunkt des Aufbruchs und natürlich auch die ein-zuschlagende und häufig wechselnde Richtung.

Die einzelnen Marschintervalle durch die Di-ckungskomplexe ähnelten sich stets. Immer das gleiche schwierige Vorwärtskommen: sperrige Äste, stichlige Nadelzweige, glitschige Baumwurzeln, tro-ckene Äste am Boden und stachelige Ranken als Stolperfallen, dazu Tümpel und wasserführende Gräben. Und die Sorge, den Kontakt zu Feline zu verlieren.

Gemeinsame Mahlzeit

Als wir wieder einmal eine Pause einlegten schaute ich auf meine Uhr. Fast vier Stunden waren seit unserem gemeinsamen Aufbruch am Vormittag vergangen! Bei einer ähnlichen Bausuche vor drei Jahren führte mich Feline nach über dreistündiger Wanderung zum Bau. Ich war damals ganz beglückt, nach einem so langen Marsch mit einem Wildtier – einem Fuchs – quer durch den Wald, durch dick und dünn, vor dessen Bau angelangt zu sein. Und jetzt waren bereits vier Stunden vergangen! Zudem machte sich Hunger bemerkbar. Ein Stück Brot als Wegzehrung hatte ich einstecken. Als ich dieses auspackte hob Feline ihren Kopf und schaute zu mir herüber. Ich nahm einen Bissen und warf auch ihr einen solchen zu. Auch sie schien Hunger zu haben. Das Brot schmeckte ihr allem Anschein nach ebenso, es war ja gut belegt. Nun jeder noch einen weiteren Bissen und unsere Mittagsmahlzeit war redlich geteilt und aufgebraucht.

Irgendwo im Fichtendickicht hinter uns lärmten einige Eichelhäher. Was mochte ihre Aufregung verursacht haben? Vielleicht eine Rotte Schwarzwild, ein anderer Fuchs oder gar eine Wildkatze? Möglicherweise hatten sie auch einen Waldkauz entdeckt, der sich an einen Fichtenstamm schmiegte und sich auf die Tarnung durch die dichten Zweige verlassen hatte. Nach einem Weilchen verebbte der Lärm, der Grund der Aufgeregtheit hatte sich wohl entfernt.

Markwart der Eichelhäher

Und dann brach Feline endlich erneut auf und es ging schon wieder auf verschlungenen, vorher nicht sichtbaren Pfaden in die Dickung hinein. Verschiedentlich kam ich, wenn Feline leicht unten durch schlüpfte, nicht weiter und blieb sozusagen im Dickicht stecken. Ich musste zurück und im Bogen seitlich einen anderen Durchschlupf suchen. Trotz aller Schwierigkeiten gelang das tatsächlich immer wieder und dort traf ich abermals mit Feline zusammen, oft schien sie regelrecht auf mich gewartet zu haben.

So wechselten sich Geländemarsch mit zeitweise eingestreuten Ruhepausen ab, auch mir waren diese Pausen sehr recht. Manchmal waren wir in Bögen und Schleifen kreuz und quer durch diese Wirrnis gezogen. Ich wunderte mich sehr, dass Feline nicht auf direktem Weg zu ihrem Bau ging und dass sie ihre Welpen so lange allein ließ. Wahrscheinlich hatte sie diese kurz vor unserem Zusammentreffen am Vormittag noch gesäugt. Wollte sie mit diesem stundenlangen Ausflug einmal Ruhe vor ihren lebhaften und quengelnden Kindern haben? Fragen über Fragen. Ob ich letztendlich eine Antwort darauf fände?

Mehr als einmal dachte ich ernstlich daran aufzugeben. Irgendwann musste Feline doch endlich ihre Welpen aufsuchen, auch sie müssten schließlich Hunger bekommen haben und sehnsüchtig ihre Mutter erwarten.

Endlich angekommen

Nach mir fast endlos erscheinenden Stunden der Quälerei in diesem Labyrinth blieb Feline auf einem fichtenüberwachsenen flachen Hügel stehen. Ich befand mich etwa knapp vier Meter neben ihr in einer dieser schmalen Gassen, aus denen die Waldarbeiter vor Jahren eine Reihe von Jungfichten entnommen hatten. Zwischen dem Fichtengeäst entdeckte ich kurz vor Feline altes verrottetes Wurzelwerk und dicht daneben auch eine ältere krüppelige Birke. Der Hügel selbst hatte sich wohl im Laufe der Jahre aus den Resten einer zusammengebrochenen Huteeiche gebildet, auf denen sich aus Laub, Nadeln, verwittertem Holz und angewehtem Erdreich eine dicke Humusschicht gebildet hatte. Aus dieser ragten noch einige abgebrochene und verrottete Eichenwurzeln heraus, zwischen denen sich Vertiefungen und kaum einsehbare kleine Löcher befanden.

Sollte sich hier etwa Felines Kinderstube befinden? Voller Hoffnung und Spannung behielt ich Feline im Auge. Das wäre ja der ersehnte Höhepunkt des ganzen strapaziösen Herumirrens.

Nach über fünf Stunden fand ich endlich Felines Welpen ...

Feline schaute einen Augenblick zu mir herüber, dann ging sie drei oder vier Schritte nach vorn, steckte ihren Kopf in eines der Löcher und lockte mit einigen dunklen Wuff-Lauten. Zu meiner großen Freude kamen im Nu ihre Welpen herausgepurzelt, drängelten sich unter Feline und fingen sofort an zu saugen. Es war ein wirres Gewusel. Unter heftigem Geschubse der nach den Zitzen der Mutter drängelnden Kinder wurde Feline regelrecht hin und hergebeutelt. Es dauerte einige Zeit bis ich feststellen konnte, dass es sich um fünf Welpen handelte.

Ich konnte es kaum fassen. Nach fast fünf und einviertel Stunden der beschwerlichen und ermü-denden Lauferei stand ich endlich vor Felines Kinderstube! Ohne ihre Hilfe und Geduld hätte ich den Bau nie gefunden!

Immer wenn ich eine unbedachte Bewegung machte oder ein Geräusch verursachte, verschwanden die Welpen blitzschnell im Untergrund. Wenige Augenblicke später kamen sie wieder heraus und drängten sich erneut an das milchspendende Gesäuge der Mutter. Sie schaute hin und wieder auch zu mir herüber. Lag Stolz in ihren Augen? Ich konnte es nicht deuten.

Ich war sehr glücklich, diesen wunderbaren Anblick unmittelbar vor mir nach der langen Wanderung und Wartezeit erleben zu dürfen.

Kurz darauf wandte ich mich vorsichtig um, nahm mein Mobiltelefon aus der Tasche und rief umgehend meine Frau zu Hause an. Mit gedämpfter Stimme teilte ich ihr mein augenblickliches Erlebnis mit. Natürlich freute sie sich – fast 80 Kilometer entfernt – sehr, als ich sie mit dieser Nachricht überraschte.

Nach längerer Beobachtungszeit beruhigten sich die nun gesättigten Welpen. Hin und wieder drängte sich einer an die Mutter um sich von ihr das Fell pflegen zu lassen, welches Feline anschließend bei sich selbst auch ausgiebig besorgte.

Ein Weilchen später legte sich Feline nahe zu mir und ihren Welpen unter ein paar herabhängenden Fichtenzweigen zur Ruhe. Auch ich zog mich nun behutsam zurück.

Am Tag darauf war ich wieder mit der Kamera zur Stelle und konnte Feline mit ihren Welpen im Bild festhalten. Nun, da ich den Bau kannte, konnte ich ihn auf wesentlich kürzerem und weniger beschwerlichem Weg erreichen.

... in Erwartung mütterlicher Betreuung.

Mitte Mai zog Feline mit ihren Welpen in einen etwa 350 Meter entfernten Dickungsteil um. Nur wenige Male ließen sich die Welpen am Rand der Jungfichten sehen, es waren jetzt nur noch zwei oder drei.

Die Beobachtungen wurden immer seltener. Aufgrund der Tatsache, dass ich wegen der Entfernung nur etwa einmal je Woche die Füchse im Reinhardswald besuchen konnte, war es nicht mehr möglich, das Vertrauen der Welpen zu gewinnen. Natürlich war ich wie jeder andere Waldbesucher ein fremdes Wesen, vor dem sie sich ängstlich verbargen.

Im nächsten Jahr, wurde Feline bereits zehn Jahre alt und so war es für mich gar nicht verwunderlich, dass sie in diesem Frühjahr keine Welpen bekam. Mittlerweile stellte ich fest, dass ihr bereits seit einigen Jahren verfärbter Reißzahn nun völlig fehlte.

Nachdem der Sommer und der Herbst vorübergingen, bemerkte ich im Dezember, dass Feline wieder eine Verletzung an der rechten Kopfseite hatte. Dort war das Fell im Schnauzenbereich aufgerissen, aber diese Verwundung war wohl nicht sehr hinderlich. Bereits im Januar hatte sie eine weitere Verletzung auf dem Rücken, etwa gut handflächengroß fehlte das Fell. In der Mitte dieser Fehlstelle war eine mehrere Zentimeter breite Wunde zu sehen, möglicherweise handelte sich um eine Bisswunde.

Die Ranzzeit machte sich wie immer durch das Bellen der Füchse mehr oder weniger deutlich bemerkbar. Zu vermuten war aber, dass das Feline nicht mehr sehr interessierte. Doch da hatte ich mich vollkommen getäuscht und war äußerst überrascht, als ich Anfang April 2001 feststellen musste, dass ihr Gesäuge nochmals deutlich geschwollen war. Obwohl vordem äußerlich keine Anzeichen einer Trächtigkeit zu bemerken waren, deutete auch das weitere Verhalten von Feline an, dass sie wieder Junge bekommen hatte. Die Hauptrichtung ihrer Laufwege zeigte überwiegend zu einem etwas entfernteren Dickungsteil. So entschloss ich mich am 5. Mai, es wieder einmal zu versuchen, Felines Geheimnis auf die Spur zu kommen. Nicht im Geringsten war zu ahnen, dass dieser Tag einen entscheidenden Wendepunkt meiner Beziehung zu Feline darstellen würde.

Wie wird es weitergehen?

120

Gedanken

Nach meinem Eintreffen im Fuchsrevier wanderte ich zur Dickung, in der die derzeitige Kinderstube von Feline zu vermuten war. Etwa auf halbem Weg traf ich auf Feline, die sich mir gleich anschloss beziehungsweise vor mir hertrabte. An den Fichten angekommen, ging es gleich hinein in das stichlige Dickicht. Die schwirige Suche verlief wie gewohnt kreuz und quer, mit kleinen Ruhepausen zwischendrin. Es war zum Verzweifeln. Bei einer abermaligen Rast, die auch mir sehr willkommen war, saß ich halb wachend, halb träumend nur wenige Meter neben der ruhenden Feline auf meinem Sitzhocker. Vielerlei Gedanken gingen mir durch den Kopf. Die Freundschaft mit Feline dauerte bereits 11 Jahre, für eine so enge Beziehung zwischen einem Mensch und einem Wildtier eine unglaublich lange Zeit. Die langsam über Wochen, Monate und Jahre gewachsene Vertrautheit von Feline bereitete mir natürlich große Freude, zumal sie in völliger Freiheit und ohne jeglichen Zwang gediehen war. Dass diese Vertrautheit vielleicht ein ganzes Jahr oder gar über einen noch längeren Zeitraum andauern könnte, erschien mir anfangs als erstrebenswertes, aber wohl nie erreichbares Ziel. Und nun waren 11 Jahre daraus geworden!

Äußerst erstaunlich war auch das hohe Alter, das Feline erreicht hatte. Das Höchstalter von Füchsen wird im Allgemeinen mit vier bis sieben Jahren angegeben. Einige wenige Altersangaben von Füchsen in Gefangenschaft, sind mit neun bis zehn Jahren keinesfalls mit demjenigen von Füchsen in freier Wildbahn vergleichbar. Die Gefangenschaftsfüchse bekommen stets genügend Nahrung, auch in strengen Wintern. Sie können bei einer Krankheit medikamentös versorgt werden und sind weder Gefahren durch Jagddruck noch durch den Straßenverkehr ausgesetzt. So ist wohl das bemerkenswerte Alter von Feline das bisher nachgewiesene Höchstalter eines freilebenden Fuchses!

Abschied

Doch die Rast war schon wieder vorbei. Feline erhob sich und trabte weiter, und ich versuchte zu folgen. Nach etwa zwei Stunden bummelte Feline kurzzeitig außen am Rand der Dickung entlang und schnürte dann wiederum auf ein sehr dichtes, beinah wie eine grüne undurchdringliche Mauer wirkendes Dickicht zu. Etwa zwei Schritte davor blieb sie stehen, wandte den Kopf zu mir zurück und schaute mich über die Schulter noch einmal wie fragend oder auffordernd an. Dann tauchte sie hinter den tief herunterhängenden nadeligen Zweigen unter. Dies war das letzte Mal, dass ich Feline gesehen habe!

Trotz mehrerer Versuche gelang es mir nicht ihr dort hinein zu folgen, auch nicht seitwärts daneben. Daraufhin setzte ich mich am Rand des Dickichts an, um Feline dort zu erwarten und hoffte natürlich, dass

Felines letzter Blick zurück
wird mir unvergesslich bleiben.

... und Erinnerungen

sie nach einiger Zeit wieder hervorkommen würde. Aber nach langer ergebnisloser Wartezeit brach ich ab. Selbstverständlich fuhr ich in den nächsten Tagen wiederholt in den Reinhardswald, gewahrte aber keine Lebenszeichen mehr von Feline. So wurde mir immer bewusster, dass Feline nicht mehr am Leben war. Was aber ist aus Felines Welpen geworden, oder war es gar nur einer? Darauf fand ich keine Antwort.

Auch in den nächsten Wochen und Monaten suchte ich, in immer größeren Abständen bis in den Herbst hinein, Felines Revier auf. Aber alle Besuche blieben erfolglos. Am 5. August traf ich in der Nähe einen Jungfuchs, der sich bei meinem Erscheinen sofort zurückzog. War dies gar ein Welpe von Feline?

Bei jedem meiner vergeblichen Besuche in Felines Revier, bei denen ich stets auf ihr Wiederauftauchen hoffte, fielen mir immer wieder Begebenheiten ein, die ich im Verlauf der Jahre dort mit ihr erlebt hatte.

Vieles, sehr vieles in dieser verschiedenartig strukturierten Waldlandschaft erinnerte an Begegnungen mit Feline. Jedes Fleckchen Erde, jeder Baum und jede Tierbeobachtung ließ bei den jahreszeitlich unterschiedlichsten Witterungsbedingungen die Vergangenheit lebendig werden.

Auf einem Baumstubben sitzend liefen viele vergangene Geschehnisse und Erlebnisse vor meinem geistigen Auge ab.

Die bereits weit über mannshohen jungen Fichten dort drüben waren damals noch kleine Bäumchen, welche Feline bedeutend überragte. Ist der gaukelnd vorüberflatternde Falter vielleicht ein Nachkomme dessen, den sie vor vielen Jahren als Welpe vergeblich zu erhaschen versuchte? Oder war das Rotkehlchen, das ehemals vor der durch das Unterholz schnürenden Feline aufgeregt warnte, ein Urahne des kleinen Sängers, der sein trillerndes Liedchen jetzt vom Wipfel einer Jungfichte herab erklingen lässt?

Das Röhren der Hirsche im Herbst ist das gleiche urige Konzert geblieben wie die ganzen Jahre zuvor, obwohl die mächtigen Geweihträger von dereinst selbst wohl längst verblichen sind. Vielleicht ist der borstige Schwarzkittel, der heutzutage als starker Keiler auf der Suche nach Nahrung den Waldboden umpflügt, einer der winzigen Frischlinge gewesen, der damals miterlebte, wie seine Mutter Feline wütend in die Flucht jagte. All dies wurde mir immer wieder gegenwärtig.

Felines Revier, dieses interessante Waldgebiet voller Leben, schien mir noch lange Zeit wie ausgestorben. Ich hörte wohl den Gesang der Vögel, nahm ihn aber bewusst kaum wahr. Wie oft erwartete ich, dass Feline aus dem Gras, Strauchwerk oder Dickicht hervorschaute, vertrauensvoll zu mir käme und sich zu meinen Füßen niederlegte. Aber leider waren dies immer nur Wunschträume.

Felines letzter Blick zurück wird mir jedoch unvergesslich bleiben!

Felines

Familie

Feline *(*1990)*
*Kind von Ermeline. Sehr
vertrauensvoll; Letzte Begegnung am 05. Mai 2001*

Ermeline *(*?)*
*Mutter von Feline und
Reineke; zuletzt beobachtet
im Herbst 1990*

Reineke *(*1990)*
*Kind von Ermeline. Etwas
kräftiger als Feline; im Alter
von 12 Wochen verschollen*

Foxi *(*1994)*
*Kind von Feline; einziger
Welpe von dem Wurf, der
den Sommer überlebte; da-
nach nicht mehr beobachtet*

Rabautz *(*1991)*
*Kind von Feline; sehr domi-
nierender Rüde; auffallend
große Ohren; zuletzt beobachtet am 24. August 1991*

Paulinchen *(*1991)*
*Kind von Feline; klein und
vorsichtig, Rand des rechten
Ohres leicht deformiert; seit
Juni 1994 verschollen*

Moritz *(*1993)*
*Kind von Paulinchen; im
Herbst bereits so groß wie
seine Mutter; zuletzt am 30.
September 1993 gesehen*

Arco *(*1995)*
*Kind von Feline; sehr
selbstsicherer und gut
aussehender Rüde; zuletzt
im Oktober 1995 gesehen*

Birk *(*1995)*
*Kind von Feline; sehr hell
gefärbter Rüde mit kleiner
Narbe am linken Ohr; zuletzt
im Oktober 1995 gesehen*

Cora *(*1995)*
*Kind von Feline; feine dunk-
le Streifen senkrecht auf der
Nase; zuletzt im Sommer
1995 gesehen*

Dori *(*1995)*
*Kind von Feline; etwas pum-
melige Fähe; wirkte oft etwas
verträumt; zuletzt Mitte September 1995 gesehen*

Evi *(*1995)*
*Kind von Feline; kleiner
als ihre Geschwister mit
Knicköhrchen; zuletzt Ende
August 1995 gesehen*

Zorro *(*1996)*
*Kind von Feline; rotbraun
und sehr schlank; zuletzt
Mitte Oktober 1996 gesehen*

Felines Freunde

Molli *(*?)*
Sehr vertraut, manchmal recht dreist; wurde am 25. Januar 1994 überfahren

Mohrle *(*?)*
Dunkler Rüde, nicht so stark wie Felix; über 2 1/4 Jahre bis April 1993 beobachtet

Mausi *(*1993)*
Kind von Molli; mit auffälligen Knickohren, zurückhaltend; seit Anfang Juli 1993 verschollen

Maxi *(*1993)*
Kind von Molli; größte Fähe des Wurfs; hell-rötlich-braun; zuletzt Mitte August 1993 beobachtet

Milli *(*1993)*
Kind von Molli; sehr dreist und vorwitzig; kleine Narbe an der rechten Schnauzenseite; im Juli 1993 verschollen

Mini *(*1993)*
Kind von Molli; weitaus kleinster Welpe des Wurfs; niedlich und sehr schreckhaft; zuletzt Anfang Juni 1993 gesehen

Felix *(*?)*
Sehr starker Rüde, der nur im Winter 1990/91 in der Ranzzeit anwesend war

Besuchsprotokoll 1997

Monat	Besuche am Treffpunkt	Feline anwesend
Januar	7	6
Februar	7	7
März	12	9
April	14	8
Mai	8	4
Juni	6	4
Juli	5	5
August	5	5
September	5	5
Oktober	4	4
November	4	4
Dezember	5	4

Felines Nachwuchs 1991-2001 (soweit feststellbar)

Jahr	Wurftermin*	Anzahl Welpen	übriggebliebene Welpen bis Ende Sommer
1991	21. März	8	3-4
1992	–	0	–
1993	22. März	Bau nicht auffindbar	?
1994	Anfang April	3	1
1995	1. April	6	4
1996	20.-22. März	3-4	1-2
1997	9. April	Bau nicht auffindbar	**
1998	Anfang April	Bau nicht auffindbar	***
1999	27. März	5	2-3
2000	–	0	–
2001	22.-23. März	Bau nicht auffindbar	?

* Wurftermin geschätzt nach zeitweiligem Fortbleiben (2-3 Tage) von Feline sowie sichtbarem Gesäuge

** Am 12. Juni keine Welpen mehr; Gesäuge nicht erkennbar

*** Welpen sehr früh verstorben; Gesäuge geht Anfang April bereits zurück

Günther Schumann, geboren 1930 in Niederelsungen, Fotograf und Autor. Sein Traum, Förster zu werden, ging bedingt durch die Kriegs- und Nachkriegswirren nicht in Erfüllung. Stattdessen absolvierte er eine Ausbildung zum Technischen Zeichner und Modellbauer und arbeitete als Modellbaumeister in einer Design-Abteilung in der Großindustrie. Später wechselte er als technischer Angestellter zur Hessischen Forstlichen Versuchsanstalt, wo er bis zu seiner Pensionierung 1994 in der Abteilung für Waldschutz als Projektleiter tätig war. Günther Schumann ist verheiratet und hat zwei erwachsene Kinder.

Bad Karlshafen

Oberweser

REINHARDSWALD

Sababurg

FUCHSREVIER

Warburg

Hofgeismar

Reinhardshagen

Grebenstein

Immenhausen

Hann. Münden

LANDKREIS KASSEL

KASSEL